U0690900

失恋28天，
慢慢和自己复合

倪 纳◎著

ZHEJIANG UNIVERSITY PRESS
浙江大学出版社

序言

失恋了，该不该和他复合？

分手了，我还爱不爱他？

爱情这笔账，怎样才能算得清？

和前任做朋友，真的是伪命题吗？

　　每一天,都有人开启一段热恋;每一天,也都有人忍痛分手。如果你想获得一点启发,那么你找对书了。

　　书店里各种恋爱宝典不胜枚举,可真正写如何面对失恋的书却是屈指可数。人们都喜欢自我麻醉,也都难免讳疾忌医。就像大部分人都不太情愿去做体检那样,也很少有人想去写一本面对失恋的指南。上一次失恋后,我度过了人生最黑暗的一段时光。我曾经疯狂地想找到一本能在失恋时帮助我的书,但都无果。等我从失恋的痛苦中走出来,我做的第一件事就是写下这些文字。

　　这本书,不求让你能即刻拥抱百花芬芳的春天,只求能陪你一起抵御冬天的严寒。

我记录下来的，不仅仅是对恋爱的想法和感悟。其实，这还是一本关于世界和人生的小记。我对失恋的态度是：与其想把白纸上的一笔黑描白了，不如把这张白纸无限放大，再用思维观念搭建一个多维度的立体空间，到时候，那一抹黑也就显得微不足道了。甚至当你重新审视那一抹黑时，它也不再是黑了，而是变成了一道白云边际处的若隐若现的银灰。

在我看来，失恋是破而后立的艺术。失恋后的"立"，在于重新理解过去的感情，再次审视自己在恋爱中的位置和态度。更重要的是，用"破"来打碎我们对世界既定的认知，用"失他"来"得我"。

对于翻开这本书的你，我感到很抱歉，因为你很可能正在经历着失恋。但不幸中的万幸，在你万念俱灰的时候，这本失恋小册子可以陪伴你左右。我的主意不见得是最高明的，但最起码在这失恋的苦海中，能成为你的一根救命稻草。跟着我漂吧！不管彼岸在何方，总比你自怜自艾地沉入海底要积极些。

失恋如此艰难，请让我陪你一起失恋。

目录

失恋第一周

第 1 天　让眼泪流

灯光熄灭了

音乐静止了

滴下的眼泪已停不住了

天下起雨了

人是不快乐

我的心真的受伤了

　　　　——《我真的受伤了》　张学友

早上醒来,觉得胸口闷得作痛,脑袋好像被飞机轰炸过似的,焦土一片。强撑着起了床,转头扫一眼镜子,看到蓬头垢面的自己,自嘲地咧嘴傻笑,想哭却又哭不出来,闷得直让人难受。走到洗手间,浑浑噩噩地拿起牙刷涂上牙膏,放到嘴里才发现涂的是洗面奶,眼泪终于流了下来。

承认但绝不夸大自己的脆弱和失意

哀莫大于心死,如果此时还能流泪,说明心还没死,至少还能感觉到痛。眼泪若是能流得出来就任它流吧,或如潺潺溪水,或如滔滔江海,任它将内心的悲伤宣泄出来吧。失恋第一天,大脑完全无法思考,"理性"如同海中一颗礁石,早就被"感性"的层层巨浪淹没于漆黑的大海。

你会觉得心一抽一抽地疼,就好像嵌在你灵魂深处的一个重要零部件被人硬生生地拔出来,再被摔在地上砸个稀碎;又好像有人把手伸进你的喉咙里,把你的肺捏住,再一下子扯出来,让你气都喘不上来;身体甚至会像得了疟疾一样不停打摆子,不听自己使唤。大脑会骗人,可身体的反应最诚实。失恋有多痛,在头脑想明白之前,身体会先诚实禀告。

除了身体器官,我们的情感世界也是有器官的,如满足感、成就感、期望值、愉悦感、存在感等。缺失了肝脏,我们的身体会彻底紊乱;同样,缺失了一个重要的情感"器官",我们的神经系统和感官系统也会随之崩塌。大病一场后,我们只要好好地遵医嘱吃药、休养,身体依旧会恢复健康,我们的情绪虽然同样脆弱,但也不失坚韧。

大部分人都是健健康康地来到这个世界的,所以即使生了病,也会慢慢地恢复良好状态。同样,没有人天生就自带伴侣,我们都是一个人来到这个世界上。所以失恋后,我们也会慢慢地自我修复到初始的状态。更何况,克服失恋这个"情绪疾病"绝对要比身体复原来得容易。是的,我确定是容易的。很多人无法顺利度过失恋期,是因为在现实生活中很难找到治疗失恋的良药。失恋这个"情绪疾病"并不可怕,真正可怕的是精神上的讳疾忌医。

失恋之所以折磨人,有很多原因,有爱的剥离、人生的不确定性、自我否定、存在感缺失、挫败感激增等。失恋第一天因自我否定而产生的以下焦虑情绪都是很正常的:

- 没人要我了,我要孤独终老了
- 没了他,我该怎么办
- 我再也找不到这么好的人了
- 和家人、朋友怎么解释

　　与失恋的斗争,绝不是与前任的斗争,而是重新认知和接纳自我的过程。换言之,失恋是一个重新接受和拥抱自己的旅程,就如同当初你接受你的伴侣那样,你们有过磨合、有过争吵。如今,你要和自己重新磨合,和自己的意志争吵。在这个自我修复的过程中,一旦前任卷进你的情绪里,你很可能会失去重拾自我的机会,并且失去对方对你最后的尊重。

　　无论你是学生党还是工作狂,无论借口是病假还是事假,此时请休假。在这个时候,千万不要强颜欢笑,去应付你要面对的那些人和那些事。

　　请不要上演"人生如此艰难,我还苦苦支撑着"的琼瑶戏码。女人都是演戏的好手,你我都清楚。有时候内心戏演多了,自己如同被角色附身一样,很难认清自己本来的面貌。在刚刚失恋这个节骨眼上,你有权放肆袒露你所有的软弱，"死撑着"既战胜不了自己，也感动不了别人。真实地面对自己的脆弱，承认它，接受它，最后才能用海纳百川的心境来接纳它。

人啊，如果在最脆弱的时候不宠爱自己，那么也难赢得别人的宠爱。爱如同尊重，没有自爱自重，即没有赢得别人的爱和尊重的立场和条件。

所以，把自己锁在家里，关上门，播放各种失恋必备情歌，让眼泪流吧。想让自己痛彻心扉地大哭一场的，可以听张惠妹的《原来你什么都不想要》《听海》；想要安静地自舔伤口、默默流泪的，可以听听陈奕迅的歌。

总之，让情绪如瀑布一般直冲而下吧，任由它流经你身体的每一个角落，试着用你潜在的韧性去感受它、忍受它并接纳它。

世上任何事物都是有利有弊。失恋确实让人痛苦，但仔细想想，你也曾从上段恋情中获得过不少快乐。如果用蛮力和这股内在的情绪抗衡，你可能会和练功的庸手们一样，随时有走火入魔的危险。你会产生怨恨、愤怒、不平、抑郁等情绪。换个方式，尝试着去疏导情绪，而不是奋起反击，你才会有机会去深刻地感受和认识自己情绪的脉络。等暗涌过后，你将会用更广阔的心胸和更坚韧的心性来面对以后的人生。

再坚强的女人都有脆弱的一面,这句话好似在暗指天底下的男人都是无坚不摧的。实际上,随便一个男人,你灌个两斤二锅头,看他脆弱不脆弱。这里有两个很容易被混淆的概念——"我是个脆弱的人"和"我有时很脆弱",这完全是两码事。千万别因为自己在人生这个节点走入了脆弱的状态,就马上得出"我很脆弱"这个结论。

直视脆弱,迎接脆弱,感受脆弱,最后战胜它并缅怀它。女人如丝,貌似易弯易折,但其实经久不断。脆弱是韧性的磨刀石,在我看来,能够脆弱是能者的天赋。

通常在失恋第一天,整个人都毫无食欲,肚子空空,却感觉不到饥饿;也有女生会是另外一个极端,抱着一桶冰激凌大口大口地吃,怎么都停不下来。 这里有一个小建议,此时的你,不如就大口大口地享受冰激凌或者薯片吧,因为两者都是可以刺激感官的食物。 冰激凌彻骨的冷意会像 CPR 的电流那样,激活你麻木的心脏;而薯片这种吃起来 "咔嚓咔嚓" 的小零嘴,能从听觉上刺激你的神经。

日记页：和自己对话

第2天　朋友君，看你的

你拖我离开一场爱的风雪

我背你逃出一次梦的断裂

见一个人然后生命全改变

原来不是恋爱才有的情节

……

朋友比情人更懂得倾听

我离不开 Darling　更离不开你

——《一个像夏天一个像秋天》　范玮琪

经过前一天的情绪崩溃，今天的你应该很清楚自己处于多么脆弱的心理状态了。俗话说，一个篱笆三个桩，一个好汉三个帮。在自己硬撑了一天之后，是该投入挚友的怀抱，在她的肩头靠一靠了。

人到了一个年纪，就会习惯性地把压力和伤痛往肚子里咽，然后不断心理暗示自己——我可以的。可是亲爱的，如果当下心中充满了悲伤、挫败、惋惜、悔恨、绝望……这些负面的情绪会在你潜意识的角落中潜伏着，就像身体中的小肿瘤一样，如果不及时治疗，早晚有一天会病变成恶性肿瘤，彻底击溃脆弱的精神世界。

如果说在失恋的第一天，"破而后立"的这一课题是探究和正视自己的脆弱，那么第二天的课题便是将自己的脆弱暴露在挚友面前。不要担心让朋友看到你遍体鳞伤，让朋友看到自己的刀口是在表现信任。女性情谊的建立和男性不同。男人讲的是义气，而义气通常不需要什么道理，它是在你患难的时候，对方拿出的那种破釜沉舟的牺牲精神。当别人欺负你的时候，哥们儿二话不说，挺身而出。相对男性，女性间建立情感纽带的方式更委婉一些，她们靠的是陪伴。通常一个女生恋爱或者失恋了，背后都会有个强大的闺蜜团支撑着。

随着年纪慢慢变大，交到好朋友的机会越来越少。这倒不一定是人心不古，而是人到了一定年纪，就会逐渐把心门关闭起来，只会对着住在自己"心理舒适区"的那几个"常住人口"倾诉衷肠。太多人被颇有侵略性的社会环境威慑得草木皆兵了，生怕暴露伤口的时候换来的不是雪中送炭，而是落井下石。

就在此刻，就在最脆弱的时候，对心里最信任的那几个挚友倾诉无疑是最佳的选择。如果挚友们此时此刻无法接听电话，或者无法从另一个城市或国家冲过来借你一个肩头依靠，请试着在脑海中寻找那个你一直觉得可以信任、但始终没有跨越"密友"那道门槛的朋友。这次爱情的失意或许是开启一段美好友谊的良好契机。

慢慢地自揭伤口，让她细细帮你包扎；把头靠在她的肩上，任凭眼泪、鼻涕横流，如果她不嫌弃的话；耐心地听着她唠唠叨叨着"早就告诉你了,看吧"之类的恨铁不成钢的话。

此刻重要的不是她的言语,而是她紧紧抱着你的时候透出来的温暖,是她唠叨完以后默默流下眼泪的亲切,是她挽起袖子咬牙切齿要找那个"王八蛋"算账的狠劲。她说什么不重要,她做什么也不重要,重要的是在这一刻,她在这。

如果把人的情感比作一个大水库,那么每一个人都有一个情感定量。爱情如瀑布,它美妙绝伦,壮观无比,飞流直下激起万千水花飞溅,让观者不由得感叹其壮阔。而友情如溪流,它默默无声地流淌在山间林中,当你慢慢走近它,你就能听到潺潺的水声,感受到它灌溉和滋润大地的广博。

不论瀑布或溪水,其源头都是人的感情水库。不要妄想人能有无限的情感源泉,这世界上没有永动机,更没有永不停歇的感情。所以,我们常叹息爱情稍纵即逝,又不得不沉迷于其令人心醉的魔力。

失恋后,拥抱友情,如同刚刚喝完一杯苦咖啡,续上一杯温润的茶水。这看上去蜻蜓点水似的"出现"和"存在",却以最小分子的形式渗透到你内心深处,温暖那冰冷的失意。

危机处理不好是灾难,危机处理得好即为转机。用心去感受好友抹去你眼泪时指尖上的温度,享受并感激对方的关心和照顾。天底下没有白来的感情,和爱情一样,友情也需要呵护才能成长。朋友的每一个善举都应该得到认可和感激,不如趁着现在这个时间节点,认真检视一下友情的状态。

想想看,因为爱情,你有多少次推脱了好友下午茶的邀约?多少次为了和男朋友说话而匆匆挂掉了朋友的电话?又有多少次在男朋友的要求下泄露了好朋友的秘密?这些事情我们或多或少都做过。不要以为朋友没那么容易受伤,不要以为友谊没那么容易破裂。有人视爱情如娇嫩玫瑰,需要阳光和水勤加呵护;视友情则为仙人掌,任它在阳光下暴晒,总以为它就算毫无雨水滋润,也能百折不挠地在干涸中开出花来。殊不知,友情也要长年累月的呵护才能长青。在匆匆忙忙追求"更好的爱情"这条路上,人们常常毫不吝啬地抛弃得到"更好的友情"的机会。

所以,趁着现在,把心里想和好友说的话都倒出来吧,在倾吐完爱情的失意后,感谢好友一路以来的支持和陪伴,说一句"有你真好"。在友情里,这种话语和爱情里面的"我爱你"是一样的,别以为你不说别人理所应当就知道。感情的世界,无论是亲情、友情,还是爱情,都需要说出来,否则人很容易迷失。

朋友的陪伴重要,朋友对自己的肯定更重要。失恋的后遗症之一就是自我否定。如若想单凭个人意志来对抗这股消极力量,相当困难。这有点像戒烟,调查显示,只有3%不到的人可以在没有任何产品或者疗程辅助下戒烟成功。这个时候,别人一个肯定的拍拍肩、一句认可的话,尤其是来自挚友,显得多么珍贵。

电视剧《欲望都市》中有这样一幕:35岁的女主角Carrie度过了她认为最狼狈的一次生日会。一个人孤零零地坐在空荡荡的餐桌旁,好朋友一个都没有出现;旁边桌子的女孩高叫着,"Fuck, 25, I'm fucking old!";没有爱人缱绻在旁,没有小孩的笑声……

脱下高跟鞋,洗掉眼线液,她素面朝天地和3个挚友Miranda、Charlotte及Samantha坐在小餐厅里,有些崩溃地问道:"我已经和那么多人约会了十几年,我的那个灵魂伴侣到底在哪里?"

女人们面面相觑。此时,最贤妻良母的Charlotte小心翼翼地说,也许我们就是彼此的灵魂伴侣,男人只是生命中有意思的玩意儿罢了。对两性关系一向最保守的Charlotte居然说出这种话,一下子把另外的姑娘们都惊呆了。看到Charlotte都能有这样的觉悟,Carrie一下子看开了,搂着姑娘们破涕为笑。

想想看,世界那么大,仅凭一个人你就否定了所有的人际关系,难道你就变得这么不珍贵了吗?自然,你或许根本不在乎剩下的那些人对你的感情和评价,你只在乎你爱的人对你的反馈。说到底,爱情的本质就是一种"需要回馈"的感情。美国著名诗人罗伯特·弗罗斯特(Robert Frost)曾说过:"Love is the irresistible desire to be desired."无条件的爱如同陈酿,只能由时间这个发酵剂慢慢催化,不可能来源于两性之间瞬间的化学反应。

自我认可很重要,但毕竟大部分人都是群居动物,很多人无法通过自己的本心来确认自己的存在和价值。人自身的价值和定位都需要参照物,否则就如同漂泊在大海上的扁舟一般茫茫不知所以然。若你是爱情大过天的女生,那么爱情就是你的彼岸,友情则是你的灯塔。在彼岸崩塌之际,朝着你的灯塔拼命游过去,并好好拍拍它因风吹雨打而变得陈旧却依然坚毅的墙壁,靠在它的身上,让心灵得到短暂的休憩。

最后,感谢朋友的到来,回馈她一杯热咖啡或一个美味甜点。相比逝去的恋情,你正在耕耘人生另一片富饶的土壤。随着岁月的沉淀,它会在你人生的版图中结出经久不衰的花朵。

日记页：和自己对话

第3天　复合是魔鬼

我寂寞寂寞就好

你真的不用来我回忆里微笑

我就不相信我会笨到忘不了

赖着不放掉

人本来就寂寞的

借来的都该还掉

我总会把你戒掉

——《寂寞寂寞就好》　田馥甄

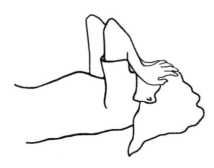

其实失恋后最痛苦的不是第一天,而是第三天。

第一天,你还对分手持坚定态度,情绪失控,但分手的决心是不动摇的;第二天,你还可以选择沉浸在朋友和家人的怀抱中;可是到了第三天,恋爱中的甜蜜以及他对你的好,全部涌了出来。当你处在伤心欲绝的边缘时,"复合"这件事就好像宇宙间最神奇的灵丹妙药,仿佛有了它,你就瞬间原地复活、状态全满了。

错!

想想你为什么坚定地要分手?其实通常不外乎以下几种:

- 双方在基本层面上出现不可调和的冲突,简称

性格不合（包括性格、生活习惯、三观、宗教信仰等）

- 某一方犯下了原则性错误（出轨、欺骗，甚至犯罪）
- 环境或外力导致分手（家庭、距离等）
- 感情转化或淡漠

简单来说，上述的原因都可以归结为一句话：**感情不可持续或感情的优质性不可持续。**

大部分现代人分手已经不是因为感情不可持续，而是因为后者。当人猿开始直立行走，人类就开始追求更好的生存环境；当民族脱离温饱线，就开始转向文化和精神追求。同样，当一个人的物质基础相对稳定，对于一段恋情的要求就会超越家庭和社会需求，而变为更高的精神满足。

如果恋情的质量无法得到保证，那么继续坚守一段千疮百孔的恋爱便成为无意义的举动。这个时候，复合虽然看似简单，但其意义却很微小。

在农耕社会，女性是没有权利说分手的，因为女性无法从自然环境和社会环境中获得可持续生存的资源。相应的，"可持续生存"成了维系一段感情的最低门槛，女性因此对恋爱和婚姻保持着相对低下的底线。在现代文明的洗礼下，再从获取资源这个角度看，女性面临的选择演变成是否要**"获取更多资源"**。

恋爱过的人都知道,千万不要轻易说出"分手"二字。同样的,分手了之后不要轻言复合。在你拨通对方电话之前,要想清楚以下几点问题:

1.分手主因是什么?有几点?

2.针对每一个主因的解决方案是什么?具体实施策略是什么?成功率有多少?

3.你愿意实施,那么他愿意和你携手同行吗?他的意愿如你一般强烈和坚决吗?

建议此刻拿出纸笔,把上述问题清晰地书写在一张 A4 纸上。待写完问题后,你或许会手抖半天也无法落笔写出答案。你那逝去的爱情就好像手里的这张纸一样,充满了问号,答案却无从落笔。

既然之前下定了决心要走出这段恋情,那么这段恋情肯定停滞在以上的某一点上。

反过来讲,如果以上问题都能立刻有清晰的认知和答案,那么请问,当初吵着分手是在玩过家家吗?

请把这张白纸贴在办公桌或者课桌角落,什么时候你能流畅地写下来所有问题的具体答案,且心智坚定,或许"复合"这个举动还能有些实质意义。不然,"复合"只是你在伤痛时缓解疼痛的麻药罢了。

如果从个人意志的角度说了这么多,还没能阻止你伸向手机的那只"魔鬼之手",那么这里再从功利主义的角度谈谈现在复合会有怎样的结果。

如果现在要求复合,无非两个结果:

1.复合成功
2.复合失败

先说复合成功吧。别高兴得太早,你的问题解决了吗?你问题的答案找到了吗?如果什么进展都没有,只是为了延续一个苟延残喘的恋爱状态,你会在不久的将来把这两天的失恋再重新经历一遍。此时复合的举动无疑等同于抓了一把盐,等着下一次再提分手的时候,一股脑儿撒在过去的伤口上。一个充斥重重矛盾和原则问题的恋爱,绝对比不上一个充实的单身生活。

再谈复合失败。从结果论来看,做这个尝试本身就不可取。更重要的是,你会失去以下两样东西:

1.自我原则的坚持
2.对方对你的尊重

若想复合？ 你也应该和另外一个人复合

那个人就是你自己。回头看看,你因为这段恋爱失去了什么、改变了什么、放弃了什么……这些人生最重要的原则,大多都为了这段爱情做了超越底线的妥协。也正是因为这些过度妥协,才让一段恋情不堪重负,从而不得不结束。此时,最值得复合的,其实是一个拥有健全人格的自己,这样,你反而能赢得对方的尊重和欣赏。

最后,千万别忘了,随意谈复合或者接受复合的请求不仅会伤害你自己,也会伤害对方。

做一个对自己和对所爱之人负责任的人,理智地拒绝冲动式复合,至少,在能把前述问题答得很满意之前,请不要贸然输给自己。如果这么做,赔上的,不仅是对自己和对对方的尊重,而且输掉了两个人未来做朋友的可能。

日记页：和自己对话

第
4
天　你是否还爱他？

人生若只如初见 不哭的甜

哪来好故事怀念

明明你又坐在我身旁

怎么好像走进了月光

人生若只如初见 这么些年

多心酸又能笑着聊天

愿不负曾经相爱一场

　　　　——《人生若只如初见》　王韵壹

031

恭喜你,勉强撑到第四天了。

　　失恋前三天,理智被抽离,悲伤的巨浪不停地奔腾,在你身体里攻城略地,所到之处一片狼藉。熬过了最痛苦的前三日,建议你,做一件小事奖励一下自己。最简单的奖励莫过于做一次"剁手党"。每一个女孩都有想买而不敢买的包包或者珠宝,往往只能远远注视着橱窗,然后转身走开,就像《蒂凡尼的早餐》里的奥黛丽·赫本那样。此刻的你,最应该宠爱一下自己。没有任何所谓的奢侈品比眼泪更珍贵,奖励如一味蜜饯,或许化解不了心中的千般苦,但至少能带来些许慰藉。

　　到了第四天,人慢慢地恢复理智。你变得敢于审视过去、观察现状,甚至在空隙间想到未来时会感到害怕。失恋带来的悲伤已经触底,而恐惧随即降临。

别慌，不妨先做几道爱情测试题。爱情走了，它为什么走了？爱情的形式那么多，你拥有过的究竟是哪一种姿态的爱情？好多年以后，回首人生，有些人发现"当初我根本没有爱过他"，有些人则惊觉"我当初是那么爱他"。很多时候，人们对爱情的认知充满了误解。如果能早点认识自己爱情真实的样子，或许痛会轻一些，伤能好得快一点。

请认真回答以下几个基本的问题。

问题一：你还爱他吗？
a. 爱
b. 不爱

怎么判定是否还爱他？

如果我们能套用数学里面的公式算出一个数值就好了，但是爱情啊，它要复杂得多。通常人们对于"还爱着"最大的误会，就是把"你还想要他"等同于"你还爱他"。世间有好些习惯都难以割舍，比如赖床，比如吸烟。没有人是圣人，坏习惯、小毛病一定会伴随我们每一个人，然而头脑清醒的人都知道，坏习惯并不值得坚持，大多数人只是挥霍着身为凡夫俗子的任性。所以,这道题并不是问你"是否还要他",而是在问你"是否还爱他"。

如何定义"爱"？每个人眼中的爱情都有自己专属的颜色和形状。在我看来,对爱情的判定,不是看它在天空中燃烧得有多灿烂,而是看它能坚守住多少底线。用幸福的回忆来判定爱情未免太武断,能共欢乐只能称其为欢愉之情罢了。爱情之珍贵,是在于两个人处于最低谷时,彼此为了对方坚守住了多少底线。

问问你的内心,你还信任他吗？你还尊重他吗？你还欣赏他吗？爱情里的底线有很多,但这三个是最容易拿出来权衡的。即使看到他的眼睛不再小鹿乱撞,如果这三个底线还在,那么大体上可以说,你还爱他。

除了这三条底线,你对于爱情还有什么其他要坚守的原则？他的所作所为或者你的所作所为,是否已经打破了这些原则？如果是,那么或许你已经"不再爱他",只是单纯"不想失去他"。这段爱情,已经失去了爱,你这最后的挣扎,不是为了得到爱,只是想不那么痛罢了。

选择"**b. 不爱**"的小伙伴可以直接跳转至"列一张复仇清单"。

曾有智者说过，"爱的反面不是恨，是冷漠"。恨，是加速感情驶向"冷漠"的催化剂，但不得不说，"恨"走了捷径，这条捷径叫作"矫枉过正"。恨，就像化疗，杀死的不仅仅是癌细胞，还有健康的细胞。当你用"恨"这把利刃削去和他的种种牵扯，你也在切割自己心中"爱的能力"。

如果你选择不爱，而后和平分手，那么恭喜你，你已经实现了失恋软着陆，但这并不代表你就彻底相安无事了。分析过去的恋情、细数当初你犯的错以及做得好的地方，可以为你下一次恋爱打下好的基础。失恋如一场山崩，就算石块砸在无人区，还是会对当地的地质和生态环境造成一定的伤害和影响。它会潜伏在你的潜意识里，也许10年，也许20年，直到某一个特定的时刻再如火山爆发般奔涌出来，滚烫的岩浆届时将带来更大的毁灭。

选择**"a. 爱"**的小伙伴，首先值得表扬的是，至少你很坦诚地面对了自己的内心。毕竟失恋的痛苦在很大程度上来源于纠结，纠结即两种互斥情绪的角力。如只有恨没有爱或只有爱没有恨，则心智坚定、目标明确。当爱与恨，甚至其他情绪，如悔、不甘、挫败、怨、嫉妒等纠缠在一起，才会形成让人进退两难的僵局。你左顾右盼，不知前进还是后退，生怕走错一步就会坠入深渊。或许正是因为心里还有爱，这份残余的爱不断地抵抗着内心对这段感情的其他负面情感。

即使你依然爱他，并不代表你就要选择"要他"。

爱情有美好，也有丑陋。美好如《浮生六记》中沈复和芸娘这一对伉俪，在清朝乾隆时期就能用"诗画书茶"把清贫的日子过成"乐活主义"。丈夫沈复宁愿下辈子当女子，也要伴在芸娘身旁，这样平淡却延绵的爱情真让人神往。

> 余曰："恐卿鬓斑之日，步履已艰。"芸曰："今世不能，期以来世。"余曰："来世卿当作男，我为女子相从。"芸曰："必得不昧今生，方觉有情趣。"

爱情和恋情不同，爱情是人和人的一种自发的感情状态；而恋情是爱情在社会中存在的承载物，是一种名号，也是一种身份。如同一个透明玻璃樽里面盛着满满的水，玻璃樽破碎，而水虽洒了，但依然在，只是不再成形罢了。这摊地上的水便是这爱情的亡魂，像是没了家的孩子，又或是奔腾出河床的江水，一时间不知去向哪里，身无可依。随着时间过去，水逐渐挥发，从一颗颗清晰可见的水珠转化成肉眼不可见却无处不在的水蒸气。你以为它已经逝去，正如同被清扫过的玻璃碴一般消失在你的人生中。但其实，它瞒过你的眼睛，却深扎在你的心里。

事物的消失主要有两种方式：

(1)从我们的感官认知中消失(视野外、听力范围外、可触碰范围外)

(2)从有形变为无形

如果你相信能量守恒，那应该相信这世界上没有真正的消失。同样，爱情在失去了承载它的容器之后，它要么变成一根尖硬冰冷的刺，深深地扎在我们的心脏，让每一口呼吸都带着痛；要么化身洪流隐于我们的泪腺，平时悄声无息，但每一次听到那个熟悉的名字，路过那条熟悉的街区，就会让我们越过理智的关卡，用连珠的泪水对我们宣誓着它的存在。

然而，你缅怀的究竟是他这个人，还是你和他的这段爱情？

爱情无法因单一个体而存在，就算是小王子爱上的是朵玫瑰花，玫瑰花也是第二事物。所以，你如今缅怀并无法释怀的究竟是他，还是你的爱情呢？不要忘了，没有你的存在和参与，你的爱情是无法成立的。所以，即便你现在挽回了他，你是否能挽回你的爱情？不要忽略了自己在爱情中的地位，你对于自己爱情的作

用力也许远远超过你自己的想象。想想看他对你的不
满,你改得掉吗?想想看你对他的失望,你能重燃对他
的信任和坚持吗?想想看你心中扎满的刺,你拔得掉
吗?爱情不是恩赐,绝不可能唾手可得,唾手可得的只
可能是同情。没有你的意愿配合,你能挽回的只能是
一段恋情,如同抱着一个空荡荡的玻璃樽,摸着它光滑
的质感,貌似安心,可看看周遭,那摊水早就在地上与
泥土混在一起,腥臭不堪。

日记页：和自己对话

第 5 天　算算爱情这笔账

感情寻找它的模特儿

衣服挂在橱窗

有太多人适合

没有独一无二

———《香奈儿》　王　菲

在爱情里，谁付出得多？怎么计算谁付出得多？

电影《星际穿越》里有这样一段台词："也许我们花了太多时间去试图解开这些理论。爱是唯一可以超越时间与空间的事物。"

爱情这道公式里面有什么元素？时间？金钱？精力？牺牲？改变？坚持？这是一道彻头彻尾的主观题。爱情不可量化，在爱情里的付出，就更无法量化。爱情如同一团缠绕的线球，它看似杂乱无章，但如果我们能尝试拉扯其中的一个线头，便能梳理看看。如果能得出一个答案的轮廓，也许就能更快地放下。所以，在失恋的第五天，让我们来算算爱情这笔账。

聆听心声每个人都可以做到，但似乎大部分人都

做不好。失恋了，每天都可以听到来自心底各种歇斯底里的呐喊。但这样的嘶吼是否能称之为心声，我们必须持怀疑态度。我们为之呐喊的事物通常有什么？基本就两种——欲望和绝望。欲望代表我们对一个人或一件事物极度渴望，绝望代表我们身处极度恐惧而看不到希望。人在极端状态下发出的声音，应称之为本能的宣泄，这要比称之为心声更恰当。

你可能很清楚地记得吵架时他脱口而出的每一个恶毒的字眼，但忽略了他在为你买卫生巾时候面对店员的尴尬和窘迫。你也许很清楚地记得他在分手时冷峻的表情，但看不到他转过去悄悄流下的泪水和一抽一抽的肩头。在悲伤的时候，似乎他的不好都被放大了，而他的好如被水晕开的字，冲淡了一笔一画的痕迹。

人习惯于放大悲伤，缩小快乐。同样是 100 元，丢了 100 元的难过通常会大于捡到 100 元的喜悦。在爱情中，很多人都不自觉地走入一个误区，即对我的好都是应该的，而对我的坏都是丧心病狂。所以我们通常会把点滴的好忽略不计，而把芝麻大的坏一笔一画地刻在爱情的里程碑上。他为什么对你好？因为他爱你。而这世上从来没有理所应当的爱，就连父母的爱也不是。

越想越烦躁？起身冲杯热饮吧，抱着它，借着杯子从掌心传来的温度慢慢温热你受伤的心，同时仔细地去寻找你心底的声音。如果此时你恨他恨得咬牙切齿，请不要故意遗忘那些"谢谢你"和"麻烦了"：他下雨天为你撑伞淋湿的肩头，他在你去洗手间的时候顺手接过来的手提袋……相反，如果你此刻依然爱得无法自拔，也请不要刻意淡化他对你造成的伤害：那些心不在焉的言语和举动，那些在他的家人和朋友面前对你表露出的不尊重，那些他和别人的暧昧……

问题二：在你们的恋爱中，你认为，是他付出得多，还是你付出得多？

　　a. 他

　　b. 我

　　c. 难以下定论

请把你心中被忽视或压抑的那些画面找出来，然后，用你的第一直觉选择答案。

如果**选择"a. 他"**，那么请把他为你所做的所有点点滴滴的付出具象起来。然后，跳转到问题 2.1。

如果**选择"b. 我"**，请直接跳至"失恋第六天"。

如果**选择"c. 难以下定论"**，那么这段恋情应该结束得不算太难堪。一个人的付出，是其爱的意愿的表现形式。若双方的付出不相伯仲，那么证明双方对于维系恋情的意愿几乎持平。分手的原因或许是随着时间的流逝、外界的影响，你们各自变了；或许是机械地重复，让恋情僵化了。那么此时，你心里的那份不舍应该是源于惯性吧。失恋后，心里的爱情如长跑后的惯性，就算冲过了终点线，还是无法立刻停下狂奔的脚步。人身体中每一块肌肉都是有记忆的，在此之上，我们还有意识中的记忆和无法捕捉的潜意识。那此刻就让子弹飞一会儿，然后建立新的习惯来洗刷逝去的模式。

如果对谁付出多少难以判断，或许可以换个角度思考。那个陪伴你走了一段人生路的他，经过岁月的洗礼，或许再也无法在你生命中出演那个特定的角色，但换一个身份，不也能彼此陪伴吗？在这种情况下，分手后的双方换了一个身份，并没有在彼此的生命中缺席。如果这么想，或许心里会少痛一点。

问题 2.1 你爱的是：

a.他对你的付出＝你的所得

b.他这个人

"一个人的付出"和"这个人"，有什么不同吗？

当然不同。一个人的付出，是其爱的表现形式。这个人，则是他本身的属性。打个比方，如果他为你画了一幅肖像画，你从他为你做的这件事中感受到了他对你的爱，这是他"爱你的表现"；另一种情况，他热衷于画山水画，也从未为你画过一幅画，但你非常欣赏他在画画上的才华，并且能从他的作品中感受到你们两个在审美上的高度契合，这是他的"属性"。

一段爱情必然是由"他本身"和"他的付出"两种因素组成的，缺一不可。关于"爱上他的付出"，有一个经典作品形象地刻画了这种后知后觉的爱，即《傲慢与偏见》。女主角伊丽莎白一直对达西先生保持敌意，直到从舅母的信中得知他为了自己所做的一切：他向一个自己深恶痛绝的女士求情，并且委曲求全地花重金贿赂一个他最反感的人。她为自己一直以来的傲慢愧疚，又为达西先生对她的一往情深有些许得意。就是这一刻，爱情的萌芽破土而出了。她对他的爱起源于"他的付出"，而后延伸到"他本身"。

女性在爱情中常常会分不清是因"他的付出"爱上"他"，还是因爱上"他"而乐见"他的付出"。男性追求女性这个传统持续了几千年，尤其中国的女性，最近几十年才有选择别人的权利，而不再是只能等待被选择。

这道选择题只是想尝试剖析你爱情的着力点在哪

里。俗话说,打蛇打七寸。同样,找到爱情的着力点,目的不是要给这段爱情下定义,而是通过施力于着力点,让你更容易处理失恋的伤痛。所以请认真地思考,你爱上的究竟哪个比重比较多?

如果选择"a.他对你的付出＝你的所得"

爱上对方为你的付出,换言之,你被对方的言行感动了。在过去,为了感动你,必须男追女。社会有一个约定俗成的规定:男人在爱情面前是向前看的,他们看到的是星辰和大海;女人往往是往自己身后看的,她们看到的永远是那么零星几个追求者。随着社会越来越开明,越来越多的新女性开始对建立在感动基础上的恋情保持谨慎态度。

爱情是两性之间摩擦出的神奇火花。有的似烟花般绚烂,但稍纵即逝;有的如火苗般微弱,但温暖持久。正是这样的火花,能把人们从平凡无奇的日常生活中解放出来,使人们变得不凡。不是每个人的名字都能被历史铭记,但当一个人在爱情中为了另一个人奋不顾身时,再卑微的生命也会闪光。爱情,是人类拯救平庸感的药。

如果你选择了"他对你的付出"这个答案，不如从以下角度去思考你的爱情。没了爱情的火花人会变得了无生趣，可世界上生火的人可不止一个，甚至你自己都可以点燃你人生的火种。选择这个答案还意味着你知道你从恋爱中获得的并不是无可取代的。他给你披上的大衣，会有另外一双手接力；他对你的叮咛，会被另一个声音取代；他给你煮的白粥，也会有新的托盘端到桌前……这个接力员，也许是你的下一任男友，也许是一个更自足坚强的自己。想想看，你现在所失去的并不是"仅此一家，别无分店"。当正视一件事物，并发觉它不存在唯一性时，或许在我们骚动的内心中，更容易接受它的逝去。

如果选择"b. 他这个人"

　　爱上一个人的属性，如同爱上一件艺术品。在这样的爱情中，对他的欣赏占了很大比重。上学的时候，都有喜欢的学长吧？工作了，都有爱慕的上级吧？虽然他们对你毫无付出，甚至不曾留意你在冬天为他穿的短裙，但这丝毫不影响他们在你心中占的一席之地。

　　或许他真的很优秀，说的每一句话都字字珠玑，做的每一件事情都无懈可击，工作的时候能力出众，笑起来温暖帅气；或许他真的和你很契合，你说什么他都懂，他做什么都能让你笑得开怀，他的过去和你的历史有那么多重合，他对未来的追求正是你要追寻的方向……他看上去是那么不可替代，因为珍稀，所以珍贵。

想到逝去的唯一，或许此刻你会胸口突然一紧，眼泪止不住流下来。尽管想到他的千般不好，总觉得也抵不过唯一的珍贵。

但亲爱的，不论你坚决选择分手，还是因为别的原因而无法挽回这段爱情，你都还有选择的余地。

既然他那么优秀，那么受欢迎，你能保证自己云淡风轻地看淡他的一切花边新闻么？他工作能力那么强，你能原谅他忘记你们的纪念日而埋头加班么？他那么懂你，有没有因此就理所应当地在行动上没有付出，而觉得吃定你呢？你能心甘情愿地接受这一切？

这个世界上有太多的唯一你无福消受，因为它们只有在远观时才珍贵。有人类学家说过，人类认为一件东西脏了，并不是因为其本质脏了，而是它放错了地方。有时候，爱情的成立也许和两个参与者本身都没有决定性关系，仅仅在于距离，或许物理的，或许心理的。

这个世界有太多的珍贵,只因为用错了地方而失去其价值。红木虽珍贵,可红木做浴缸就不合理了。也许你的他,如同一块上好的红木,可你需要的不是一个红木椅子,而是一个可以让你泡个热水澡的浴缸。它不必用象牙、玛瑙制成,只需要质量过硬的光滑陶瓷,就能承载你每天下班后疲倦的身体了。如果你要硬生生地去磨合,也许你只有把自己的需求从浴缸变成椅子,或者把对方从红木变成陶瓷。但如果他为了你变成陶瓷,你的爱还在吗?也许,他在你生命的位置,朋友、知己、导师、家人更恰当。他和你的契合,或许真的需要换个方式或隔着一点距离,才能真正发挥效用。不然,你们如同彼此互相挤压、摩擦的两块积木,最后只能彼此碾压,落得一地碎渣。

恋情不在了,就一定要把爱磨平吗?

当然不。你可以继续爱他,用爱艺术品的心一如既往地爱他。

人人都爱《向日葵》,它挂在阿姆斯特丹的梵高博物馆,整个世界都感受到了它的美。如果你爱的是他这个人,那么走出来的方式不一定是不爱他了,也可以换一种方式延续你的爱。勉强自己不爱他,当你若干年后回忆起这个人、这段情,你只能得到冷漠。若你用大爱面对这个人,若干年后当你脑海中浮现出他的轮廓,或许嘴角还能浮上微笑。

对他冷漠,等于对自己的过去关上心门。

对他大爱,如同迎着正午灼热的阳光微笑,待到夕阳西下时,收获的可不止阳光洒在肌肤上的余温,还有远处醉人的晚霞。

日记页：和自己对话

第
6
天　心有不甘

谁人在近日越来越过分

令你规则最初太笨

偏偏爱上了最无谓的人

分开心有不甘

——《心有不甘》　卫　兰

在上一篇里,**选择"b. 我"**,觉得自己付出得多的朋友,欢迎你进入本章。

索取是人的天性,付出亦然。甚至很多时候,付出是一种强迫症。

人生来都没有安全感,不分男女。这世界上男人和女人都享受着因性别区隔而带来的福利,也都履行着因性别区隔而产生的义务。

人的意识中有一条逻辑链:先付出＝得回馈,付出则成了一条柔性的迂回渠道。

女人的付出,除了在他需要你的时候,还最常发生在什么时刻?是当你不确定的时候。当在爱情中出现安全感缺失,女性的本能反应是给予,然后等待同等性质的回馈,这是很多女性安全感的来源。

一旦预期的回馈没有到来,人会陷入深深的挫败感。期待被辜负,带来挫败感;付出被漠视,产生失落感。挫败和失落纠缠在一起,形成一股扭曲的力量,碾压着你的心脏,这股蛮力叫心有不甘。

为什么会不甘心?大抵是因为"我觉得我能得到,但事与愿违"。好像辛辛苦苦拉磨的毛驴,萝卜就悬挂在眼前,它闻着香甜,看着也新鲜,好像只要走一步就能咬到它的边,但毛驴走了一辈子都还是够不到看上去触手可得的奖赏。

在爱情中,你是不是扮演了毛驴的角色呢?付出的本身刚开始是可以带来充实感的,但长期的付出如果没有任何回馈,其带来的充实感会很快地被挫败感取代。想想看你付出后得到的充实感究竟来自什么?大抵是因潜意识里总认为在未来会得到回馈,在此基础上衍生出的兴奋和期待吧。

你的付出或许是改变:你为他留起了长发,你为他和家人吵架……你一点一点打破自己的原则,为了爱他,把自己塞入了另一个躯壳。他看到了,说一句"感谢",然后一笑而过。

你的付出或许是包容：忍受他抽烟的气味沾在头发上好几天，容忍他忘记你们的纪念日，在他母亲对你说刻薄话的时候笑着把刺痛的话语往肚里咽，甚至看到他和其他人暧昧的短信也强迫自己装作若无其事……

改变和包容，或是其他的付出，其实都属于妥协。"妥"的成立需要有"协"的支持。如果不是对方理所当然地接受这一切，你也不会受了伤而无处栖息。

父母常常会责备孩子浪费钱，但请问，在这世界上，什么才是应该花的钱？

没有人能回答这个问题，一万个人心中会有一万个答案。一条昂贵的珍珠项链的确价格不菲，可它会给购买者带来满足感和成就感，也会成为其人生中一段难忘的精彩回忆。

同样，换个角度，在感情中的付出，姑且把它当作钱好了。钱之所以珍贵，是因为它具备了去交换世界上很多事物的可能性，然而，这个世界有太多东西是钱换不来的。人生的阅历、心性的成长、善良的品格、真挚的友谊，这些都是无法用钱直接交换的。同样，在这段感情中你也许付出了很多，但你同样成长了许多。

其实,在爱情中我们常常犯一个简单的错误,就是会误以为付出就是通行无阻的代金券,它能换来忠贞、疼惜、忍让。但其实我们都忽略了,付出只是"有可能"兑换得到,而不是绝对。既然是一场"有可能"的兑奖游戏,那不如就潇洒一点地去面对"谢谢惠顾,下次好运"这张空头奖励吧!

更何况,在你的付出中,你收获最珍贵的,也许并不是他的回馈,而是一个更美好的自己。能够付出、敢于付出是一种能力,一种在当下社会环境下罕见的能力。它代表了你有能力去相信、期待以及为自己的追求而付出努力。收获了这样的能力,你就可以变成一个更美好的自己。一个更美好的人,会有更大的概率收获一段更美好的恋情。人生如游戏,与其花钱买装备,不如通过付出积攒能力。每一次在爱情中的付出,都是在向自己的极限发出挑战。

所以,小毛驴啊,没有什么好心有不甘的。纵使原地踏步了一万圈,一直吃不到眼前的萝卜,可你也锻炼出了强健的体魄和不断进取的毅力。如果有一天,你放下吃到萝卜的执念,挣脱身上的桎梏,你坚忍的意志会引你在广阔的田间奔驰。

日记页：和自己对话

第7天　镜花水月

红是朱砂痣烙印心口

红是蚊子血般平庸

⋯⋯

得不到的永远在骚动

被偏爱的都有恃无恐

玫瑰的红　容易受伤的梦

握在手中　却流失于指缝

又落空

——《红玫瑰》　陈奕迅

在搞清楚你爱不爱他这个问题之前,我们先来探讨另外一个问题:

女人到底要什么?

美国作家及社会学家丹尼尔·伯格纳认为,相较于"为孩子选取更优秀的基因",女性真正渴望的是深层的个人需求。

现代社会学家和性别学家对于女性欲望的发现,完全颠覆了基于进化论所衍生出的生物理论。女性的欲望赤裸而直接,女人渴望被渴望,女人是极度自恋的生物。

心理学家荣格有一个著名的原型理论。打个比方，一个人的爱情，如同投影。想象一下，你是一张幻灯片，只需一面白墙，你就可以看到自己。你深深地迷恋上的其实是自己投射出的影像，但你却误以为自己爱上的是承载影像的那面白墙。

几千年的父系社会中，完整个体的绝对参照物是拥有男性生殖器的男性身体。相应的，女孩从小看不到象征着个体的性器官，潜意识里就有个体残缺这个概念。所以，大部分女性都有比男性更强的同理心，也更容易产生情感投射。因为女性的个体性从最开始就被父权社会无情打散，变成漂浮在虚空的幻影，难以聚合成一个实体，但却又无处不在。

所以，女人更喜欢谈一个人的恋爱，因为她更喜欢和自己偏爱的影像谈爱情。

失恋有时候就是那座白墙突然坍塌了，你心目中谱写的影像突然间没有了投射地，看着一望无际却无法着力的远方，你的心也随之坍塌了。

而实际上，你心目中的投影不会因为少了一面白墙而破碎，它只是暂时消失在你的视野里。只要你不放弃对爱情的期望和坚持，不停止追求爱情的努力，那么你用心守护的那份爱情的投影就一直存在。在未来，你需要的只是找到另一块投射物，就依旧可以播放属于自己的精彩。

男人喜欢听到"她选择了我"，女人喜欢听到"他想要我"。一个关于权衡，一个关于欲望。女人的自恋和自爱无关，恋指的是因为欣赏而迷恋自己，至于爱，只是另外一方对于自我迷恋价值的确认而已。

也许你为了他深夜不睡觉赶织了围巾，最让你满足的不是他戴上时候的笑容，而是你在付出的过程中一种踏实的心安感；也许你为了他跑了半个城市买了他喜欢的限量版球鞋，最让你满足的不是他穿上时候的谢意，而是你在为爱努力时的自我感动……浪漫主义常常被人误解，浪漫是一种在心态上的自我感动，它们忠诚地映射出我们脑海中的花好月圆。

爱来爱去，到最后我们都不知道爱了谁、爱了什么。

爱情有太多的形式、渠道、着力点、类别、属性，也有太多不同语境下的解释和陈述，其中一种倒是讲得很中肯——

我们在爱情中爱的，是和他在一起的时候的那个自己。

正如《飘》里面那句经典的台词:**其实我们以为我们爱上的,不从来都是幻象吗?而我们最终确实接受的,才是本体。但在爱情面前,我们却都如飞蛾扑火,乐此不疲。不管幻象多危险,它毕竟美得无与伦比,因为它来自我们因渴望而编织的臆想。**

想想看,我们在爱情中真正爱着的,难道真的是他无厘头的幽默感,而不是因为他的幽默感而大笑的自己?难道是他对你的包容心,而不是你可以在他面前放任做自己的心安?难道是他学习的勤奋,而不是你想追赶他从而变成更优秀的自己?如果他无比幽默,但你笑不出来;工作卓越,但不肯为你花半毛钱;魅力十足,但让你缺乏安全感……这样的人,你还爱吗?

爱情的本质,我们都看得见,但谁都触碰不到,就如同镜花水月,静静地承载着一池美好。我望着水,爱的是天上的月;我凝着镜,痴的是身后的花。

天上的月,绝壁的花,没有这池水、这面镜,我们穷尽一生也无法靠近它们一步。镜花水月,望上去虚幻,听上去哀伤,但却正是因为这份不可触及,反而弥足珍贵。所以人爱的,究竟是镜水,还是花月?

这个答案也许永远无法知道,但确定的是,我们都爱那份宁静和安详,以及心中涌出的欣赏和感动。人都是自我的,这没有什么好羞耻的。自我和自私之间相隔的不是"利己",而是"损人"。

日记页：和自己对话

失恋第二周

我已剪短我的发

剪断了牵挂

剪一地不被爱的分岔

长长短短 短短长长

一寸一寸 在挣扎

——《短发》 梁咏琪

人是会自我暗示的动物。

谎言重复一千遍也能变得真实，你误以为的真实。人总是选择性地去相信，望向自己喜欢看到的，没有人能绝对客观地活着。

失恋第二周，是时候打起精神，进行外形大改造了。

换个造型和变美无关，而是用自我暗示这件利器对大脑认知做催眠。

进行外形大改造，不是为了去取悦大众，而是让你看到不一样的自己，并真正感受自己能创造无限可能。所以，试着用新的造型开启人生新的篇章吧。别小瞧它的作用,每一次照镜子都是一次直观的自我暗示。对于环境变化,你需要一段时间的沉淀才能适应,而对自己外观的改造能直接冲击灵魂。

如果说第一周是在努力解决因失恋所带来的存在感缺失的问题,那么第二周开始,我们就要努力对抗失恋另一个副作用——挫败感。失意的人也许会通过呐喊来泄愤,但很多时候没有狠狠地踢一脚旁边的垃圾桶或者摔玻璃瓶来得痛快,其秘诀就在于这能给你带来"做出立即可见的改变"的快感。

所以是时候改头换面了,这是消除你挫败感最简单、最快捷的方式。虽然治标不治本,但在现在的心境下,能少痛一点都是好的。

1. 化个失恋后的靓妆

抛开平日里用的比自己脸白一号的**粉底**,找一罐和自己身体肤色一致的粉底抹在脸上,感受一下自然肌肤的光泽和协调。究竟一个女人身上的哪一个点决定了她是美女?有人说是眼睛,有人说是脸型,但在我看来,健康的皮肤才最有魅力。

失恋后一定要画的还有**眉毛**。眼睛负责心灵沟通,眉毛则掌管一个人的气质。尝试着放弃"好欺负"的韩式一字眉,为自己的眉毛画出一个略尖锐的眉峰。镜子里的自己会多一分坚毅,少一分委屈。

平时喜欢画烟熏妆的,此刻可以尝试一下只有内眼线的干净**眼妆**;若是化惯了职业装的女孩们,不如尝试一下眼角拉长的粉红色的桃花妆。失恋后化妆最忌讳太浓。妆=装,我们每个人都需要一层保护壳。失恋已经让我们伤痕累累,不要在筋疲力尽的时候带着一道城墙去见人,这会让你看起来苦不堪言。另外,眼线记得要防水,因为此时的你随时可能因为猝不及防的一句话或者听到一首情歌而哭得稀里哗啦。

腮红是失恋后妆容的点睛之笔。如果气质在于眉毛,那么气色就在于腮红了。选一个略带珠光的橙色系腮红,它能让你从肌肤里面透出来自信和健康。不要去选择粉红色的扭捏和羞涩,它甚至会把你自己欺骗。

2.剪发或染发

人身体的代谢周期是 7 年,每隔 7 年你身体中的每一个细胞都会代谢成全新的细胞,也就是说现在的你和 7 年前的你根本就是两个人。头发是人体最忠实的记录仪，你在过去摄入了什么营养，体内发生了什么变化，三千烦恼丝缠绕了你过去所有的点点滴滴。所以，如果你有足够的魄力，一刀"咔嚓"下去，就是对过去最天崩地裂的决绝。

其实失恋和剪头发很像，刚刚第一刀下去的时候觉得人生都要毁掉了，可岁月会逐渐爬上发梢，慢慢地长出新的痕迹。

若是没有剪发的勇气，那么就染个飘逸的颜色。尽量不要选择太鲜亮的颜色，此时还蜷缩在洞里舔伤口的你，绝对应付不了周遭人纷纷投来的好奇目光。深邃的褐色和咖啡色都是很好的选择。记得《欲望都市》里面 Carrie 在 Mr. Big 逃婚后染的一头深发吗？那就是最佳示范。浅色显年轻，同样显幼稚；深色显深沉，也显智慧。

最后，如果你是有刘海的女生，把刘海拢起来，露出饱满的额头吧。拢起刘海，高傲地抬起头，大步前行，感受更自在、更舒服的自己。

3. 换个香水

伦敦大学的科学家发现，在所有感觉记忆中，气味感觉最不容易忘记。视觉记忆在几天甚至几小时内就可能淡化,而产生嗅觉和味觉的事物却能令人记忆长久。人们常常说气味相投,其实人真的是可以因为身体散发的气味而互相吸引。我们的大脑太复杂,身体各处透过种种不同形式对外界散发各种信号,气味就是很重要的一种。

自己的妆容也许每天只有在洗手间看到几次,发丝也只是在风中飘荡的时候才会划过眼前,而身上的气味可以无时无刻、无处不在地包裹着你的全身。爱自己的重要一步便是爱上自己的味道。不论你是喜欢柑橘的香甜、百合的清香,还是杉树的凌厉,滴上一两滴在手腕、耳后,你会被淡淡的充盈感逐渐包裹。它也许不会让你立即感到幸福,但绝对能让你感觉到爱惜自己的心安。

香味的功效可不仅仅是心理作用,据说有一种橘味和佛手柑的香水可以刺激大脑中的接收因子,从而使人产生愉悦感,它也被称为世界上第一款可以抗抑郁的香水。另外,现在也有吸引异性的费洛蒙香水。不过刚刚失恋的你,在还没有准备好爱一个人之前,还是慎用后者。

做完了这一切,望着镜子里面不一样的自己,你会发现自己拥有了无限可能。不必自欺欺人你已经忘记了、改变了,但你确实看到了自己为改变做出的努力和收获的小小成果。这个过程,也许比结果更宝贵。

日记页：和自己对话

天气好　天气坏

有什么好紧张

反正下一秒钟的我开始开始流浪

我要一个人去东京铁塔看夜景

我要一个人去威尼斯看电影

我要一个人去阳明山上看海芋

——《一个人的旅行》　戴佩妮

旅游和旅行在我看来并非一个概念。"游",即游玩,其目的是得到乐趣;"行",则是修行,其目的是成长。"旅"是达到这两种目的相同的形式,"旅"的根本概念是"无家",即离开你心灵上的根,去看看、去寻找。

旅行通常伴随着苦难,只有快乐而没有磨难的旅程是无法刺激成长的。破而后立,失恋后的"立"就是有一个新的旅行作为人生的起点。一段美妙的旅行,其意义就是在人生重要的节点立下一个里程碑。

另外,我一直觉得,一个人的旅行才叫旅行。

作家王蒙说过一句话:"言论的自由必然导致言论的贬值。"不知道你有没有过这种感觉,当你和一个人聊天时,往往能聊得比较深入;但随着谈话参与者的增多,谈论的话题也变得越来越肤浅。和一个人或者一群人结伴而游,左右你的东西会很多。而成长,永远是一个人的孤旅。

和伴侣的出行是"游",你们一起商量着哪里的美食特别、哪里的酒店划算,一起迎着风合照,一起和开黑车的司机大吵。你们在彼此的默契中得到了愉悦,增加了信任,感受了快乐,享受了更坚固的两性关系。但同时你也忽略了很多风景,就像拍照时常常定格在你们牵着的手,而不是身后的牵牛花。

失恋后的一个人旅行是锻炼自己的最好契机。你可以选择一条自己曾经走过的路,你会有许多新的发现。卖花老婆婆笑起来的眼角纹变得清晰了,花瓣上的蚂蚁好像都爬得慢了,熙熙攘攘的人群中甚至能听到树叶在微风中的摩挲声,连水龙头没有关掉的嘀嗒声都变得立体了。

失恋了,吵吵嚷嚷的朋友聚会就像精神的麻醉药,也许让你暂时感受不到那种撕心裂肺的疼痛,但在所有人散去以后,夜晚的安静会让人抓狂。此时不如走到一个真正宁静的地方,没了白天喧闹的反差,晚上你反而不会那么想他。

人生要经历许多历练,而爱情就是其中的一种。

失恋后,你可以选择一场休闲的旅行,找个好像大溪地一样的海岛,把所有的问题都抛在脑后,尽情宠爱自己一小段时间,然后回来以饱满的**精神状态**迎接积压的问题;你也可以来一场冒险之旅,通过行走和学习让自己在短时间的能力变强,等回来之后以更强大的**精神力量**处理被挤压的感情伤口。

我看过塞班美丽的日落,那种美赏心悦目,让我至今难忘。湛蓝色的海在紫红色晚霞的映衬下渐渐变成深蓝色,夕阳的余晖在海面上形成一道波光粼粼的赤色,周围是随风摇曳的棕榈树和细软的白沙滩,身后是浪漫的背景音乐,一切都是那么壮阔、美好,令人心醉。

我去过柬埔寨的一座古庙宇。那是一处完全损毁的庙宇,曾经的巨石门洞、砂岩庭院早在几百年前坍塌殆尽,大石不规则地叠落在各个方向的入口,高棉的微笑依稀可辨。如果有管理员的许可,你可以走到庙宇的中心。高棉文明在9世纪后璀璨了几百年,而后,一场战争再加一场瘟疫,文明陨落。在这样的历史遗迹面前,你会突然认识到自己的渺小,对于生命和世界也会越发敬畏。

而曼谷繁华的人流使我觉得特别孤单,没有一个人能牵着我的手的孤单。但曼谷有让人惊喜的意外,它是一个随处可见灵魂的城市。出租车司机的挡风玻璃前摆放着各式各样的佛像,卖椰子的小贩一见到客人就双手合十礼貌地鞠躬,还有他们常说的"慢慢来"。无论你的灵魂有多么彷徨,这里人的慢性情和礼貌就好像温暖的港湾,能让你疲惫的灵魂得到短暂的憩息。

如果说东京是一种有纪律的闹,那么京都就是一种有节制的静,每个人都在节制自己的音量和行动,为的就是让整个城市的集体分贝降到最低。在这里,人的灵魂鲜活、娇嫩,整个城市博大的底蕴一下子就能稳稳拖住任何不安、悸动的心。

如果仰慕禅文化,就一定要去南禅寺,南禅寺的静是一种张弛有度的静。上一次分手,我去了那里。那天,天略微阴阴的,暖得恰到好处。矮矮的木头禅房隐藏在一片修剪得错落有致的树丛中,木地板一尘不染,偶尔几只蚂蚁慢慢爬过。纸糊的窗虽然旧旧的,但洁白得让人丝毫没有距离感。正对着禅房的是一潭浅池,淡粉莲花两三朵,决不和身后的绿林争艳。

我赤脚盘腿坐在禅房前面的阶梯上,面对一池莲花静静地闭上眼睛。

微风吹过树丛,叶子窸窸窣窣地响一下,然后又趋于安静。水在看不见的地方静静地流淌,只有仔细聆听才能听到它流过石子表面汩汩的声音。蝉儿们的叫声此起彼伏,它们随性地叫着,让人不忍责怪。可能因为蝉儿的放肆,几只老乌鸦懒懒地趴着,在偶尔不耐烦的时候"嘎"一嗓子。僧人的脚步声不仅轻,而且谨慎,格外令人安心。

再睁开眼睛,看到一朵粉色的小花,花瓣抖一抖,好像在风中伸懒腰一样,泥土落在花蕊上,蚂蚁在周围成群地慢慢爬着,我突然就泪流满面。

一花一世界。

离开京都的时候,路过八神社,看到门口用来祈福的铃铛,我心里没了任何犹豫,走上去摇响铃铛,双手合击两下,合掌低头,祝愿他一个人也能过得很好。

这,就是失恋后旅行的意义。

日记页：和自己对话

第
10
天

复
仇
清
单

是宽容　还是痛苦

我想哭　怎么哭

完成爱情旅途

谈天说地是最理想的出路

谈音乐　谈时事　不说爱

若无其事　原来是最狠的报复

——《想哭》　陈奕迅

恨，是失恋后的另一大情绪。世界上任何作用力都会反噬，爱无处安放，便会滋生恨。

女人恨起来是完全不讲道理的，一句"你负我"可以直接结束讨论。如果说悲伤是心灵的毒药，它会慢慢侵蚀你的内心，腐化你的精神，那么痛恨则是利剑，凡是利刃都有舔血的欲望，不得不出鞘。

在爱情中，我们都恨过他在恋爱中的无动于衷，也都恨过他在分手后的云淡风轻，恨不得冲到他面前狠狠地咬他一口。其实，我们知道这样做自己并不会变得好过，只是当人心碎至绝望的时候，实在没有力气去想怎么让自己更好，而只能心心念念着让他更坏。

爱情里面的爱和恨就像太极八卦的阴阳两极,爱恨多少不重要,重要的是平衡。人啊,就好像草原上一群相依取暖的牦牛,我们需要彼此靠近来生存,却又要保持距离,不让牛角顶到同伴。失恋后,我们身上长满了恨的犄角,蛮横顶撞前任。

不要小看或轻视心中的恨,一旦你开始用恶毒的言语重伤他,你自己也会变得是非不分。当你折断他精心收藏的玩具模型,你也从一个受伤者变成一个施暴者。更重要的是,当你享受了因报复产生的短暂的快感,感受到它麻痹你痛苦的神奇疗效,你会认为暴力和冷酷是一种解决问题的合理方式。此时,你失去的将不仅仅是一段爱情,还有一个可爱的你。

但情绪需要出口,恨意犹浓,不爆发一下,喝水都会手抖。实在气不过,不如列一张"复仇"清单吧。

曾经,我很"幸运"地和最好的朋友一起失恋了。两个人大晚上坐在酒吧里又哭又笑,一杯杯威士忌灌下肚,突然大脑一抽,两个人就写起了"复仇"清单。趁着醉意,把心里邪恶的想法都记录下来:

登录他所有社交媒体的账号,密码全改掉。
刷爆他的信用卡,现在就刷。
找和他暧昧过的女生好好聊一聊他不为人知的

怪癖。

……

　　单子越写越长，字却从锋利逐渐变得柔和了起来，心里面那个刺好像轻轻松动了一下，爱慢慢地找到了它的位置，眼泪又掉了下来。

　　我们每一个人的内心不一定是善良的，但一定是柔软的。既然恨不可逆，那么就写一张清单来发泄吧。这不仅是一种情绪上的宣泄，还能从全新的角度审视你的爱情。你或许会发现他原来有这么多脆弱的点，他也许不像你现在想象得那么云淡风轻，他冷漠的背后也许藏着不堪一击。就如同他现在看不到你的眼泪，你也看不到他烈酒吞肚的苦涩。写下一些非常夸张的想法，你还会发现自己有多么善良，因为这些想法你永远都不会付诸实践。

　　干掉最后一杯前，我们狠狠地碰了一下杯子，一口闷。两个人看了看已经被酒水浸染得模糊不清的"复仇"清单，一下子破涕为笑。

　　说到底，对于真正爱过的人，怎么舍得。

日记页：和自己对话

沦落就沦落　爱闯祸就闯祸

我也放你一个人生活

你知道就算继续　结果还是没结果

就彼此放生

彼此留下活口

——《放生》　范逸臣

失恋以后每个人都能毫不费力地获得新技能。

一秒落泪？毫无压力。记忆力爆好？过去恋爱中的点滴不停地浮现在脑海。

还有一个新技能：分分钟化身名侦探。女人天生都是福尔摩斯，恋爱中是克制、冷静的福尔摩斯，失恋了则是挥锹抡镐、马力全开的福尔摩斯。

微信头像里的他穿的是新衬衫，还是闷骚的粉红色，这种暧昧又娘的颜色按照他的个性不可能是他自己买的，圣诞节刚过，肯定是哪个爱慕他的小女生送的！他的微博已经一周没有更新了，看来这小子被我伤得也不浅。不对，他微信更新了，微博没更新，这肯定是他故意营造出的假象，其实早就和新欢打得火热了！最近他博客里提到去了一个新的保护动物志愿者基地，那个基地我怎么不知道，百度一下，啊哈，原来在这里，地址、电话……

在社交媒体发达的现代社会，我们能苟延残喘地维系和对方最微不足道的联系，然后营造出"我还有你"的假象。一句"我想你"似乎可以合理化所有的举动。没有回音的想念是一种煎熬，失恋后的想念像是极具生命力的种子，盘根错节地缠绕在人的五脏六腑，越勒越紧。

会想念，是因为我们有感情和记忆。感情是想念的根，记忆是土壤。发疯般地想念一个人的时候，我们最羡慕的就是只有短暂记忆的鱼。感情是人最美好的特质，能爱、会痛，是一种珍贵的特质。可有时真的痛得受不了了，就宁可抹去所有的记忆，幻想自己是一台机器，只要轻轻按下"重置"按钮，就能从头来过。

我曾经在分手后好多天没有出房门，只是盯着他的微博页面不断刷新。直到有一天看到他的头像变成了他和另一个女生相拥的照片，那一刻，我只能一个人坐在电脑前号啕大哭。也许我们没那么了解自己的情感，在找不到出口前，复杂的情绪好像乱流一样在我们心里乱窜。想想看那时候的自己，就好像一个蓬头散发、绝望地在大街上奔跑的女人，一定要看到什么、抓到什么才能给自己崩溃的情绪找到出口。

　　庆幸的是，我在恋爱中一直有一个很清晰的止损点，那就是"讨厌自己"。讨厌自己 24 小时都在幻想他和她的画面，讨厌自己变成一个可悲的跟踪狂，讨厌自己把喜怒哀乐全部建立在他每次更新的状态上。最讨厌的是，自己变成曾经最讨厌的人。就这样无限循环好多天，直到突破了止损点，我终于拔掉了家里的网线，好好窝在床上狠狠哭到睡着。

　　每个人做事情都有一个止损点。如果原则是我们人生的框架，失去理智后，大脑就会越过"原则"那条边界，任凭感情遨游在无尽的宇宙间。然而这样漫无目的的轨迹终究会停，当损失或痛楚抵达我们无法承受的节点，我们就会自动停下来。这个节点就是爱情止损点，每个人心里一定都会有一个或好几个止损点。

　　在经历过了很多次伤痛后，也不知道我们是变聪明了还是变怯懦了，我们逐渐找到了那个模糊的止损点。这个止损点是可以量化的，它可以是你存折上的一串数字，也可以是你每天被占用的时间，或者是你搭飞机往返双城的里程数；它同时又是不可量化的,如对兴趣的退化、与朋友的疏远或者是对梦想的放手。

我们都幻想童话中的美好,但总有些人、有些事让我们无能为力,他们好似有无尽的魔力,让我们如飞蛾扑火般甘愿殉葬。我们唯一能做的,就是学会放手和及时止损。

日记页：和自己对话

第12天　细数那些疗愈的食物

在茶餐厅西多送麦皮

读明周的一七四六期

并和知己讲起郭美妮

共谁一起然后趁住假日连下午亦唱 K

想好好修一修水晶甲已经接近褪色

想好好敷一敷补湿乳有益美白去渍

——《港女的幸福星期日》 谢安琪

食疗时代

人类已经进入食疗时代。

食物,不仅能疗愈身体,还能愈合心灵的伤口。简单举例,人在饥饿的时候,大脑常常处于警觉的状态,而在饱腹的情况下,通常会感到略微困倦。所以,吃饱也算是一种情绪上的麻醉剂,饱腹的倦怠感可以暂时麻痹心灵的伤口,让痛显得轻微一些。所以,失恋后一个常见反应就是暴食——成堆的薯片碎一床,一桶桶的冰激凌没吃完化在桌子上。仿佛问题就是那口中的食物,吃掉就没有了,下意识地逃避问题和寻求心理安慰。

但自我放纵过了度,终有一天还是要自己买单的。失恋之后要食疗,但怎么吃很重要。

吃什么？ 先来甜食轰炸味蕾

研究表明,**糖**的适量摄入能够帮助人有效对抗恐惧和压力。所以,甜品是你失恋后饮食清单上的不二选择。

擦干眼泪,点一块蓝莓芝士蛋糕,配上一杯热巧克力。蛋糕的松软绵密,蓝莓酱芬芳的果香,热巧克力徐徐的温暖,让坏心情都见鬼去吧。此刻,你正在和"甜蜜"约会,不容许任何捣蛋鬼打扰。

苦涩引领对回甘的期待

不知从什么时候开始,简单粗暴的甜和辣已经无法满足我们日渐复杂的味蕾。当一丝一丝的苦涩席卷舌尖,味蕾会期待几秒之后的一抹回甘。有回甘,自然感到甜美。倒一杯红酒,细细品味其中的层次感,顺带品味一下这百味人生。

不吃什么？

心情不好的时候最好不要摄入**咖啡因**，它通常会加剧压力和抑郁，还容易引起睡眠问题。要是失恋后还想光鲜亮丽地出现在前任面前，那就尽量别碰咖啡因，两只熊猫眼反映出的心力交瘁是多少名牌化妆品都盖不住的。

脂肪，尤其是饱和脂肪绝对是魔鬼。如果不想两周之后摸到一圈游泳圈，或者穿不上之前买的连衣裙，那现在就放下那双伸向烤串和五花肉的手！

日记页：和自己对话

第13天　失恋后的买买买

我想你是爱我的

我猜你也舍不得　但是怎么说

总觉得　我们之间留了太多空白格

也许你不是我的

爱你却又该割舍

分开或许是选择

——《空白格》　杨宗纬

吃冰激凌虽然有用,但饱腹感消退以后,总是会感到空虚。这个时候需要祭出治疗"不开心"的一剂猛药:买、买、买。毕竟,人不开心的时候是有购物本能的,购物是比看心理医生更便宜的偏方。

购物能让心情快速好起来,这是有科学依据的。2013 年,美国密西根大学发表了一篇题为"零售业疗法的好处:决定购买可以减轻悲伤"的研究报告。在这个研究中,他们将实验者分成两组,一组叫选择者,他们确实进行购买动作;另一组叫浏览者,他们仅浏览商品而不进行购买。结果显示,79％的选择者感觉到对人生非常有掌控感,而浏览者感觉到掌控感的比例仅为 2％。同时,选择者的不开心程度仅为浏览者的 1/3。

失恋之后,不仅买、买、买重要,买什么其实更重要。到底什么样的购买体验、什么样的商品可以让我们真的买到治愈和开心?

1. 抱枕

失恋疗愈的小玩意,首推抱枕。

抱枕的疗效要追溯到我们在母胎时候的身体姿势,侧躺而且蜷背,这是我们感到最安全和舒适的身体状态。等到了孩童时期,很多孩子都喜欢手揽着一个毛绒玩具或者抓着一块被单入睡。这是我们人最自然的宣誓:我们惧怕一个人的孤独。

曾经有人问,失恋后什么时候最痛苦。有人答,每天早上睁眼和晚上躺在床上的时候。当夜晚降临,一个人躺在偌大的床上,翻过身,好像就能看到那双曾经紧抱住自己的双手,感受到那温柔的体温,强装了一整天的坚强总会在入睡前土崩瓦解。

为什么有些人在白天有情绪问题,夜晚就难以入睡?因为人在白天难以消化的负面情绪,在晚上会被放大。尤其是在失恋的时候,漆黑的夜晚安安静静,孤独像藤蔓一样袭来。这时候有一个大大的抱枕,手臂习惯性地环抱住它,心里一定会得到一些慰藉。另外,抱枕还可以作为一种环境提示,每一次快睡觉前抱一下抱枕,会提示身体中的生物钟"现在到了休息时间",能帮助大脑快速进入深度睡眠。

2. 床头灯

除了抱枕以外,换一换卧室的灯具也能营造出治愈的环境气氛。一盏暖色系、略昏暗的床头灯是最佳选择。

为什么是昏暗而不是明亮的灯?很多人误以为明亮的灯光会让人心情愉悦,其实这是一个误解。心理学研究发现,当灯光明亮的时候,心情愉快的人会感到更加愉悦,因为人的情绪会被灯光环境放大。但是,失恋后,整个人充满了各种负面情绪,有愤怒、有遗憾、有难过……这时候请不要将自己暴露在明晃晃的灯光下。明亮的灯光,就会像放大镜一样将你此刻的不堪映衬得更加明显。

灯光除了应该较为昏暗之外,它的颜色也很重要。冷色系的灯光会让我们大脑清醒,工作效率提升,所以在公司、会议室常见冷色调的白炽灯。而暖色调的灯光能让人心情放松,也能让人感到安全。所以温馨的酒吧、有情调的餐厅大多选择暖色的灯光,有一些高级餐厅会大量使用暖色的烛光。

请将卧室的白炽灯换成暖色的灯,或者买一盏可以调节灯光亮度的暖色床头灯。白天已经强撑了一整天,晚上请用一盏暖灯善待自己。没有了他的体温,从灯光开始,更爱自己。

3. 一双好鞋

《流星花园》里的静学姐说过一句经典的台词:女人一定要有一双好鞋,因为它会带你到最美丽的地方。虽然这部片子已经过时,但是这句话的魅力丝毫没有随时光而减退。

如果说买包是给别人看的,那么买鞋子一定是为了自己,因为只有你自己知道舒不舒服。

失恋后,究竟要买一双什么样的鞋呢?

请买一双你没有穿过或者不常穿的鞋。我们不一定要买一双高跟鞋来变得更美丽,也不一定要买一双平底鞋让自己显得脚踏实地。我们只需要尝试之前的"不熟悉",换一双新鞋,换一种向前走的方式,和过去的路说一声告别,仅此而已。

常穿平底鞋的女生,请认真考虑买一双你可以驾驭的高跟鞋。台湾文学大师李敖曾经说过:高跟鞋对于女人的重要性在于,一个不修边幅的女人可能会穿球鞋、拖鞋,但穿高跟鞋的女人绝对精神。高跟鞋使女人步幅减小,腿部相应挺直,腰部也会自然挺拔。你需要一件事物提醒你:嘿,姑娘,打起精神来,你可以的。

常穿高跟鞋的姑娘,一双平底鞋可以让你暂时释放脚底的压力。当我们状态十足时,再大的压力也会显得渺小;而当我们悬在崩溃的边缘时,任何小的压力也好像千斤重。请暂时搁置你的骄傲,从你公主的高台上走下来,用双脚感受一下大地从脚底传到你身体里的力量。小时候学唱歌发声,老师总是说,双脚全脚掌着地,腹部才能发出最有力的声音。双脚着地也许是我们的灵魂和宇宙通话的一种方式,褪下高跟鞋后,换一个角度看天空,可能会看到和以前不同的景色。

4.奢侈品

失恋之后,人很容易有一种错觉:没有人宠爱我了。但我们常常忘记了,最应该宠爱自己的人,一定是我们自己。这世界上没有绝对的、无条件的爱,从什么时候开始,我们认为爱人宠爱自己是理所应当?成年之后,唯一能无条件宠爱自己的人,就是你自己。

请看看你的购物清单里有什么你一直很喜欢，但没有咬牙购买的奢侈品吧。找找看在自己承受能力边缘的那些东西，无论是包包、珠宝，还是你喜欢的一件艺术品，就算刷爆信用卡也请买下来吧。先透支一点未来的努力，安慰一下你此刻受伤的心灵。

或许，失恋有排山倒海般的力量，能瞬间摧毁我们的精神，但人的韧性就好像沙漠中的仙人掌，只要有一点雨水，总是能破土而出，获得重生。消费主义的买、买、买看上去物质，但在我们找不到更好的方法之前，或许它就是那一点雨，刚刚好帮你度过这一小段时间的干涸。

买、买、买最重要的意义在于：我在用我过去和未来的努力宠爱自己，我在靠着自己重新站起来。当初，或许我因为爱你，在奔跑向你的路上，神挡杀神、佛挡杀佛。如今，因为爱我自己，我会用同样的力量，并且不吝惜任何我可以想到的辅助，奔向未来那个快乐、自由的自己。

日记页：和自己对话

第14天　云备胎时代的自我修养

如若我肯

抚心去自问

其实我想得到你一吻

然后你承认我

我是谁的候任

——《啜泣》　容祖儿

失恋之后，"备胎"们好像突然一夜间都噌噌冒了出来，原来不是"备胎"的，此刻也都非常主动要求被"备胎"。究竟分手之后，该如何对待这些突然出现的"备胎"们呢？忘掉一段恋情最有效的方法，真的是投入"备胎"的怀抱，获得那片刻的温存吗？就算有效，我们是否忽略了情感副作用这回事呢？

有很多女孩很苦恼，常常抱怨男生都没有胆量约她们出去。其实男生的想法很简单，和你聊天，他所花费的，只不过是站在门口抽烟或者在办公室发呆时的闲暇时光而已。一旦约女生出来，很多男生的第一想法必然是计算约会的金钱成本和时间成本，毕竟这是更高价值的支出。所以如果一个男生总在与你发消息时暧昧不已，但很少约见面，那么就算与他擦肩而过也没什么可惜的。

分手后投入"备胎"的怀抱,从两性关系的角度上看还有不道德之嫌。毕竟失恋的一方还没有从情伤中痊愈,她连爱自己的能力都还没恢复,又怎么能爱别人?而"备胎"一方则大多保持着"时刻准备着"的状态,就好像一个早就做好预备跑姿势的运动员,随着"在一起"这一声枪响,就要开始背着一个半残的另一半努力起跑。这本身就不是一个公平的恋情。

我们暂时抛开道德,从功利主义的角度看看这个问题:**投入备胎的怀抱真的能够让人快乐吗?**

如果人可以只追求短暂的欢愉,而不用承受之后的情绪和心理压力,那么是可以的。人的情感,有的时候很像城市。满目狼藉时先是大搞土木建设,荒地里高楼拔起,打造出繁华的人间烟火。可是,当夜晚躺在人造草皮上时,你再也看不到天空中闪烁的星星。

"备胎"如精神插管,从此你的感情将不能自理

这个世界上很多事情可以由别人代劳,但总有那么几样必须自己来做。失恋如同摔断了腿,你要是自己不做复健,趴在别人身上走,一辈子也就失去了行走

的能力。如果情伤之后迅速靠在"备胎"的肩上，那就如同给你的精神插管，从此你的感情将不能自理。也许此时的一根拐杖是一种慰藉，甚至让人有些洋洋自得，但对于拐杖的依赖就从此建立了。或许不只是这一根拐杖，还有其他根轮换着支撑你。但事实是，你在情感上已经退化，无法直立行走，再想站起来，付出的要比你想象的多得多。缺失的是什么？也许是情感愈合的能力，也许是战胜单身恐慌的自信，也许是对不适合的恋情说"不"的决心，还有跌倒后自己爬起来这个变强大的机会。

内疚易作祟

内疚是人人都有的情绪，你逃不掉，也躲不开。当你被一个爱你的人呵护着、深爱着，而你心里还念着另一个人的时候，内疚在你的意识中开始生根发芽，盘踞在你感情的各个角落。

人为什么会内疚？如果做了一件别人都说是错误的事情，而自己没有觉得错，那你不会内疚，而会委屈。内疚和外界压力无关，纯属个人的内部矛盾。内疚是自我谴责，自我谴责比外在谴责更能磨灭自我肯定，没有什么比人从心底里发出的力量更有侵略性了。

如果你打心底里认为，失恋后立刻投入"备胎"的怀抱是没有问题的，那么你就不会内疚。但大部分的人并不这么想。爱情中，我们真正在乎的是感冒时对方递过来的那一杯水吗？恐怕还是递过水的那双手吧。当一个全心爱你的人不断地付出，可你脑海里浮现的依旧是另一个影子，就算那一杯水温暖了你的双手，也温暖不了你的心。当你从"男二号"这里得到了很多，自己却一直无力回馈，内疚会慢慢腐蚀掉你的良知。也许你会在某一天半夜惊醒，泪流满面，不为别的，只因为自己已经开始憎恨自己。

如果从结果论来看这个问题，恐怕也是悲观的

这样的恋情也许最终可以开花结果，但是一段开端就畸形的爱情到底有多大的概率能开花，而结出来的果实又是否酸涩，那也只有收获者自己知晓了。一段不平等的爱情一定会埋下"欠了你"和"亏了我"的伏笔，不知道什么时候、因为哪一句话就爆发。你面对他时的心不在焉，难道他看不出吗？你忍心把自己的情伤转嫁给一个无辜且爱你的人吗？你能承受日后他累积的愤怒吗？而几十年后也许午夜梦回，一个"如果当初……就不会像现在这样……"的想法能慢慢把人逼

疯。想想看，人生中后悔的决定通常是什么时候做的？大多都是感情用事的时候做的。你在最脆弱、情绪最不稳定的时候选择了爱情的"备胎"，今后的几十年，难道不会因此惊出一身冷汗吗？

　　人生的选择题永远不是 ABC 这么简单，尽量不要向捷径妥协，尤其是在极度脆弱的时候。当你慢慢恢复理智，当你慢慢修复情伤，当你可以微笑着用力去爱，你大可以回头向爱你的人伸出双手，双方站在同一起跑线上，展开一段更平等、也更健康的爱情。

日记页：和自己对话

失恋第三周

想念你的笑

想念你的外套

想念你白色袜子

和你身上的味道

我想念你的吻

和手指淡淡烟草味道

记忆中曾被爱的味道

——《味道》 辛晓琪

失恋后如何处理你和他之间的回忆？

我曾经有一个习惯，每段恋爱开始之前，先准备一个很大的纸盒子，用来放置我们的回忆。这些小物看似微不足道，但如实记录着每段恋情中的甜蜜和悲伤。每次吵完架，夜深人静的时候，我都会翻看这个盒子，摸着熟悉的小纸片，脑海中播放着和他之间点点滴滴的回忆。但当分手来临之际，我会郑重地将盒子从床底下抽出来，摇一摇，听听回忆的声音，掂量一下这段爱情的重量。然后走到垃圾间，把盒子里的东西往黑色的垃圾箱里面一倒，好像回忆被按下"永久删除"的按钮一样，这段恋情也就此正式终结。

分手的仪式感

两个人在一起的时候会有很多种庆祝仪式，以此来开启新的人生篇章。而分手也是人生新的篇章，只是这一次，参与仪式的人只有你自己。

只怪当时自己太年轻，以为扔掉的只是分手的前任，没发现那个爱哭爱笑的自己也一起丢了。一段恋情哪里会只有一个人参与呢，忘记恋情，否定恋情，不可避免地会连自己在恋爱中参与的那部分都一起抹去。

失恋28天，慢慢和自己复合

封存记忆

收拾记忆的过程是必要的，只是我们应该做的是封存，而不是丢掉。如果再有一次机会，我一定不会这么决绝。

分手后，我们根本无力招架回忆。他留下的剃须刀、他专用的马克杯、一起旅行时买回来的纪念品，这些点点滴滴都时时刻刻地在提醒你"他曾经存在，但已经不在"的事实。你此刻受伤的心承受不住它们带来的附加伤害。痛,生根在心里,它受不了被提起,更经不住被放大。如果你现在还在家里盯着他留下的旧物发呆,请努力停止。我会在这里陪你完成这个艰难却能治愈伤口的仪式。

首先,回忆的证据有两类:

- 你们共同拥有的物品
- 可以还给他的物品

共同拥有的物品处理起来相对简单,毕竟东西放在你这里,就意味着你是它们的持有者。共同拥有的物品还包括你准备送给他、但还没有送出去的礼物,这些东西请一并放入回忆库。准备一个大箱子,最好是带锁的箱子,然后慢慢从卧室开始整理你们的共同物品。他送你的钱包,别犹豫,把卡和现金都拿出来,扔进去吧;旅行一起买的小熊维尼,狠狠亲一口,也放进去吧;你为他绣了很久的十字绣,从架子上拆下来,丢进去吧……一包感冒药象征着"我关心你",一张祝福卡意味着"我想念你"……所有的一切,都因为"我曾经爱你"。如果不封存这些物品,它们会像八爪鱼一样在生活中时刻缠绕着你,逼得你因为思念而窒息。

他的物品是个比较难搞的主题,因为它会牵扯好几种不同的处理方法。他的刮胡刀、照相机和游戏光盘，我是还，还是存，还是扔，或砸了了事？

邮寄是一个好方法，它为爱情保留了最后的尊重。它避免了彼此相见的尴尬，免去了触发痛苦回忆的机会。请在箱子里夹一封信，一封交代箱子里物品的信，或者附上一句简单的"再见"。如果可以真诚地表达祝福，或许来日相见仍是朋友。即使不是朋友，也许那一句话可以让他更平顺地度过他的分手期。心中有善，一定要表达，若善意不能化成善举，那么善意就只是一座空中楼阁。

解决他的物品之后，你手中应该剩下一个装满共同回忆的箱子和一个 U 盘。恭喜你，你已经完成了整个仪式最艰难的部分，接下来就是最后的环节了。把箱子锁住，塞到床底下也好，放到柜子顶上也好，一定要放到一个不容易够到的地方，然后请你慎重地选择一位可以信任的好朋友，把锁的钥匙交给她。如果你的朋友比你理智，那么请她来决定什么时候你可以打开这个潘多拉的盒子。如果你比你的朋友理智，那么请你和她约定一个安全词，即当你对她说这个词的时候，意味着你已经可以重新面对过去了。如果你的闺蜜很多，甚至可以创建一个迷你的"议会"，进行民意投票。当大多数人同意你打开的时候，再由一个代表将钥匙交给你。回忆被锁在箱子里，这就是那段感情的真实状态。它似乎触手可及,但你已经无法打开。你和他的距离,就好像你和这个箱子一样,打不开,也回不去。这段刻骨铭心的爱情终将在人生的某一刻演变成重要里程碑,当痛的沙被风吹散,当回忆的珍珠一颗一颗浮现在海平面上,我们可以拿出那把钥匙,开启尘封的回忆。

把钥匙交到朋友手里,此时,仪式完成,你的爱成功归档。你为回忆披上了一层纱,也为伤口做了包扎。血还在流,伤还在痛,但至少它现在没有暴露在空气中被风沙蹂躏。就算你没有那么强大,我们也还有时间。

时间,它拥有抚平一切事物的能力,它会在不经意间愈合你的伤口。不管一切是否会变好,有一件事情是肯定的——一切都会过去。

日记页：和自己对话

第16天　恋爱重要的是过程还是结果？

一夜间拥有

难道这不算

相恋到白头

但愿会相信

缠绵时分手

能令我减轻了内疚

——《红颜白发》 张国荣

人们谈论上一段恋情时，常常会说"我的爱情失败了"。这是一个很有意思的表述方式。我们从不会说，我的自由失败了，我的尊严失败了。评判爱情成功与否的标准到底是什么呢？

世俗意义上的成功和失败通常都是可以量化或者是有指标的，通过评比计算后，你没达标，我们通常会说，你失败了。那么这种成功指标是怎么形成的呢？必然源于一种集体共识，当你达到了大家公认的指标，你就成功了。同样，爱情的成败与否也是建立在社会约定俗成的一种共识之上，即你在爱情这条路上达到了一个既定指标则成功，反之则失败。

爱情成功了，是一件好事。但唯有世俗定义的成功的爱情才是爱情吗？虽然我们生活在一个事事都要论成功的年代,但每一个人对于爱情的标准不同,理解也不同。所以我们不妨先探讨一下,所谓的爱情成功论的背后含义。

似乎成功的爱情最后都要以婚姻结局,就像童话故事中那样,王子和公主从此过上了幸福的生活……那么问题来了,爱情的意义究竟在于过程还是结果?

爱情这趟旅程,有人追求过程,有人追求结果。一味地用追求结果的人的标准来衡量追求过程的人,似乎不太公平。两个相爱的人努力让恋情开花结果,但最终因为一些因素无法结合,他们的爱情就一定是失败的吗?大部分人之所以不惜一切追求爱情,就是因为它美好得超脱世俗标准。那么如果用制定业绩指标的那一套来为其定性,不就否定了爱情最初的追求吗?

很多人并不赞同爱情结果论,但又不免落入了结果论的怪圈。比如,恋爱这么多年,他从没提过结婚的打算,也许他根本没那么爱我。或许有人会说,婚姻是爱情的中期指标。但在我看来,这只是阶段性成果,毕竟爱情的路很长,当下即妄下定论未免过于武断。

抛开结果不看,你可以问自己,这一段恋爱是否**值得**。有些恋爱质量很糟糕,你却付出了大量时间,当这样的恋爱结束,估计很容易得出"不值得"这个结论,因为你会后悔把青春花在这样一段恋爱上。有些恋爱现在回想起来都甜蜜无比，只可惜因为外界压力而分手，那么你心里应该不会后悔经历这样一段美妙的旅程吧，它自然是"值得"的。还有一些恋爱，似乎得失参半，那你可以问问自己，如果上天再给你一次机会选择要不要开始这段恋情，你会怎么回答？你得出的那个答案就会告诉你，这段恋爱是否值得。

不管结果论还是过程论，你从一段恋爱中学到了什么很重要。我们惊觉自己有多不了解自己，然后慢慢反思自己到底是谁，反问自己到底要的是什么。当我们回顾青春，最美的也许是能对经历过的爱情说一句"我不后悔"，而不是因为没有达成某个爱情指标而感到遗憾。

每一段"爱过"都像是回忆里的一朵玫瑰花，它虽然已经干枯，但回头望着它还能回想起它曾经娇艳欲滴的颜色，以及它的刺扎在心里的苦涩。这些形形色色的玫瑰花组成了心里那座最美的花园。

日记页：和自己对话

第17天　失恋后究竟怕什么？

感谢天让我遇见你

不然今天就不能

如此地有勇气

……

为你我一定加倍爱护我自己

做一个值得你骄傲的 better me

——*Better Me*　薛凯琪

　　失恋后人或多或少都有一些恐惧。那是一种发现身边没人的无助感,是一种想到下个月独自过情人节的孤独感,还有想到未知未来的茫然感,抑或是害怕这样痛苦的失恋期将永远占据自己人生的恐惧感。这些让我们害怕的事情,追根究底是什么原因造成的呢?失恋之后,我们怕的究竟是什么?

失恋后,我们最常想的问题之一就是:没了他/她,我怎么办?

　　"我这么胖,他不要我还有谁要我?""我生病的时候,他再也不会关心我,也不会给我送药了。""我以后生日,他再也不会陪我一起过了。""晚上回到家,再也没有他做好饭等我了。"……这些事实很残酷，但你现在所害怕的其实是那些在你恋爱之前就已经存在的问题，或者说是你本身的问题。爱情并不是一剂万能药，你怕的并不是他的离开，你真正害怕的是之前被你忽略的问题突然全部浮上来。

自怨自叹不会改变既定的事实。缺乏自信、不能独立是一个积极健康的个体本该克服的弱点。

很多人都相信一个说法——我们都是不完整的存在，通过爱情，我们可以找到自己缺失的部分，从而变得完整。然而这里的"不完整"，指的是精神层面的空缺，而不是个体的不完整。某些人盲目地追求爱情，并想通过恋人间的互补来掩盖自身的缺陷，这显然是错误地理解了这个说法。一个相恋相知的恋人，固然可以帮你考虑许多事情，帮你解决许多难题，但当这段感情破裂，过于依赖他的你该怎么办呢？我们应该意识到，人是一个独立的存在，我们不能通过他人掩盖自身的缺点。当你发觉自己离了那个心头人，就什么都做不好的时候，应该意识到自身亟须改变的现实，而不是执着于"不放手"。

人都是"赤条条来，赤条条去"的个体，人的追求多种多样，但其中两点还是有普遍性的——一是想变成更好的自己，二是想享受更好的生活。"变成更好的自

己"是目的,但可以作为达到后者的一种手段,即通过
"变成更好的自己"来达到"享受更好的生活"的目的。
这不仅仅是指物质方面的,还包括了精神方面的。我
们不可否认,爱情可以带来更好的生活,但如果它没有
帮助一个人变成更好的自己,那么在爱情抽离之后,我
们该怎么面对生活?

爱情是如何成功地披上"包治百病"这层外衣的呢?

1.爱情占据了太多时间和精力,让人忽视了自身的问题

单身有单身的快乐和困扰,恋爱有恋爱的甜蜜和
苦涩。爱情中享受了陪伴和关心,那必然要回馈以同
等的时间和精力。想想看我们因为爱情付出了多少
时间与精力?

爱情中,我们习惯了双眼望着爱的人,关注他的
一举一动,却忘了思考自我、审视自我。诚然,爱情中
另一半如同镜子一样会给予我们反馈,指出我们的缺
点。但是,我们在爱情中的缺点,并不完全等同于我

们自己人生中的弱点。他也许会抱怨你对他不够细心，但他无法告知你工作时的不足。每一个人在不同领域，面对不同的人时，都有不同的角色。而爱情中的"他"提供的反馈，永远都会被"爱情"这个框架所限制。

另外，每个人在发表对你的看法时，或多或少都会带点主观偏见。只有我们自己才能从人生的全视角，看到自己扮演的所有角色。

2.爱情的平衡掩盖了个体的不平衡

人们往往在自己擅长的领域为他人提供便利，在自己不足的地方向他人寻求帮助。我们对于很多事情的索取和付出都有一定限度。我们在单身的时候，因无法享受互补的便利，便必须逼迫自己学习不擅长的技能来达到平衡。然而，爱情往往会让人们产生一种误解，即自己的人生因为互补变得平衡，并因此感到满足。但实际情况是，个人的优点会不断升级，可自身的弱点却会越来越明显，甚至产生对"他"的依赖。爱情维系的平衡成功地掩盖了我们自身的弱点以及强弱项之间的不平衡。

若爱得地久天长，那么衷心地恭喜你；若爱情破碎,平衡的桥梁坍塌,则很可能就此压垮你的人生。在你泪如雨下,为逝去的爱情感到惋惜时,你忽略了一个事实:自己个体的缺陷是不能全部靠外力来弥补的。它可以因爱情而被弥补,但它也决定了爱情的质量。多少情侣的吵架是因为对方死性不改的缺点?彼此会为了维系一段感情而隐忍对方,但如果问题的源头一直得不到解决,那么隐忍一点一点累积起来就变成争吵的导火索。看似是线头一般细小的问题,有了时间的重量,其危害会成几何倍数增长,说不定哪一天就成了压垮骆驼的最后一根稻草。

3.就算发现问题,也会认为对方理所应当来解决,这是他的责任

之前谈过"快乐"和"痛苦"的二元关系。快乐的时候,人的本能是享受,而痛苦更能引人自省。恋爱中的人,就算痛苦到来,也会自动将责任归咎到对方身上,尤其是女性。

都说恋爱中的人是盲目的,其实很多人还是瘸的。恋爱了,所有你的问题就是我的问题,我的问题就是你的问题。这乍一听好像是合理的,但实际上在现实生活中,有些问题永远都是自己的问题。若是因为爱情而迷失了自我,丢失了自我判断的能力,那这段感情能

否走得长远也就变成了一个悬念。切记不能因为爱情而迷昏头脑,看不清问题的本质,妄图让别人为我们解决一切。

失恋后迎来自省

失恋,能暴露出最脆弱、最丑陋、最懒惰的自己。那么为什么不利用失恋的这段时间好好审视一下自己的人生呢?找找看自己究竟哪里出了问题,才如此害怕失去?

还处于情伤时就急着去谈下一段恋爱,只是从最表层转移注意力而已。自己的问题,如果永远不加以审视,就永远不可能得到解决。一个工作充实、作息规律且有生活情调的人,更容易在失恋时及时调整好自己,因为他们对自己的人生有准确的规划。这些人并不是没有爱情离开后的伤痛,而是少了对失去爱情这件事的惧怕。

有人因为惧怕失去爱情而努力维系恋情,但恐惧恐怕不是一种合适的黏合剂,用恐惧维系的爱情未免太卑微。**人,可以为了爱情变得卑微,但请不要选择一份卑微的爱情。**少了恐惧,一个人至少可以勇敢地面

对和调整自己的失恋状态,失恋带来的创伤也能够因
为自己勇敢、无畏的精神而更快地愈合。

　　所以,不要害怕因为失恋暴露出来的种种问题。
这与其说是危机,不如说是自身的一个转机。以积极
的心态去面对自身存在的缺陷,并尝试着去改变它。
完善自己,成为更美好的人,以更美好的你迎来更美好
的他。

日记页：和自己对话

背影是真的　人是假的

没什么执着

一百年前你不是你　我不是我

悲哀是真的　泪是假的

本来没因果

一百年后　没有你　也没有我

——《百年孤寂》　王　菲

密友 F 有一天打电话给我,沉默了半天说:"他结婚了。"当时我就感到纳闷,问:"你当初也就是把他当过客,怎么如今倒感伤起来了?"F 叹了口气:"可能最近另一个很疼我的男生也结婚了,我们再也无法像之前那样相处了。看着他们结婚的照片,心里总是觉得,这些都是我错过的爱情啊。"

挂了电话,我仔细想了想,的确感觉有些惋惜。但又仔细思考了一下,发现奇怪的点在于她的用词——错过。何为错过?

"错过"二字显得格外伤感,而"错过"也是一种宿命论。它暗含了两个意思:

1.他本来属于你,且你们在一起能得到幸福,结果你错过了。

2.你"错过"他，是你的"过错"，因为你没"把握住"。

分手之后，有一种情绪叫后怕。渺小的我们，永远都不知道哪一个才是那个"对的人"。万一我刚刚分手的他就是那个 Mr. Right，那我不是错过了吗？

柏拉图的《会饮篇》中有这样一个神话故事：世界之初有三种人——男人、女人和"圆球人"。"圆球人"指的是一种男女两性的合体。"圆球人"除只有一个脑袋之外，其余的都是我们现代人的双份，比如四只耳朵、四只手、四只脚等，而他的脑袋是圆球形的，上面有两张脸。这种人的体力和精力都非常旺盛，因此自高自大，甚至图谋向诸神造反。于是宙斯和诸神便将圆球人劈为两半，并吩咐太阳神阿波罗将他们的头转向两侧，这样他们就会穷尽一生来寻找自己的"另一半"。这也许是人类对于 Mr. Right 最古老、最神秘的解释。柏拉图说："我们本来是完整的，对于那种完整的希冀和追求，就是所谓的爱情。"

只是人这一生或许只有一个 Mr. Right，想要找到他又何其困难。然而也正因为难度之高，这个"对的人"就显得弥足珍贵。另外，柏拉图口中的"我们本来是完整的"，也向我们暗示了一个细思恐极的事实，那就是我们每个个体都不完整。因此,找到对的人的**难度**和失去它的**代价**让"错过"这一借口变成"悔恨"的磨刀石,不断地消磨着人们的意志。

没有谁能像那些美好的童话故事一样,天生般配,即使是你认为"对的"那个人。感情是需要磨合的,但不要为了感情而丢了自己本来的模样。一段美好姻缘的促成,需要双方不断磨合。任何一段感情的"错过",都因为我们自己"放过"。当初为何没有在一起?或许是因为他当时太花心,或许是因为你当时没准备好,又或许是当时两个人分隔两地。在那个时刻,也许我们大脑并没有像计算机一样用公式算出"合适"或"不合适"的答案,但我们的潜意识指引我们做出了符合那时情况的最佳决定。

我们永远不知道明天会发生什么,更别提明天命运的安排是怎么样的,又如何知道我们是错过了、将要错过,还是还没有错过呢?

日记页：和自己对话

第19天　谈嫉妒

你现在很幸福

我的心情还是一塌糊涂

有点嫉妒

还不如说是

我不愿认输

——《嫉妒》　辛晓琪

女人的嫉妒有很多种不同的形态，千变万化，存在于妯娌间、姑嫂间、姐妹间、母女间、同事间、同学间、情敌间，还有婆媳间。总结一句，只要把两个女人用笔连成线，不管她们的关系是什么，嫉妒总是能找到它的温床，然后开始滋生、蔓延。

张爱玲的著名小说《金锁记》里面就血淋淋地展示了女性之间因嫉妒而扭曲的关系。小商人家庭出身的女子曹七巧曾被封建婆婆欺压，等到自己成了婆婆，又开始欺压自己的儿媳，对其进行不堪的辱骂和病态的折磨。看完《金锁记》，我常常思考一个问题：为什么嫉妒这么容易在女性之间滋生？它究竟是怎么产生的？又为何存在？

159

嫉妒是一只把信息囫囵吞下的怪兽

嫉妒好像一只张牙舞爪的怪兽，它极度喜欢信息，各种捕风捉影，而且永远喂不饱。

在恋爱中，一旦有任何男朋友异性友人的蛛丝马迹，女人就会迅速被嫉妒吞噬。可骄傲的女人啊，又不肯低下头向对方流露出一丝一毫"在乎"的信号。所以，想象就开始帮忙了。如果说信息是嫉妒的饲料，那么臆想便是催化剂。女人会凭借想象肆意勾勒出一个充满魅力的第三者形象，继而臆想爱人出轨的场景。空想着这些画面，然后无可救药地坠入自怜自艾的深渊之中，一边挣扎，一边自掘坟墓。

很多时候让你失去一段感情的，不是他，也不是你臆想的她，而是你的嫉妒心。

嫉妒是女性宣泄愤恨的出口

人在脆弱时，情绪就需要找到一个出口，而嫉妒这时候扮演的就是这样一个角色。它是女人发泄的最佳渠道,因为它提供了一个明确的目标——一个假想敌。有了这个假想敌,不管是发泄型的愤怒,还是压抑型的哀伤,都可以顺着假想敌这条枝蔓蜿蜒而上。情绪有了着力点,人才会有存在感。

有了假想敌,那必定会有输赢。然而在一段爱情里面,真的有赢家吗?真的存在输赢吗?

我们似乎很习惯于一种既定的表达方式:"她抢走了他。"但冷静下来想想,这句宣言其实并不成立。他并不是一个物件,而是一个有思想、能独立做人生决定的成年人。所以,无论是因为什么原因分手,我们都要接受这个现实,是他离开了你,而不是她抢走了他。也许后者能为我们提供一个发泄情绪、推脱责任的对象,可以让我们把恨全部转移到那个闯入者身上,好像这就能最大程度保护那已经伤痕累累的爱情,但不可否认的是,前者才是残酷的事实。

既然,不存在"她抢走了他",只存在"他离开了我",那么如何谈输赢呢?如果放下输赢,那么折磨自己的那一股不甘心是不是也应该歇歇了呢?

嫉妒，是弱者自我圆场的台阶

"嫉妒"一词的解释是：因人胜过自己而产生的忌恨心理。

想想看男性群体，如果看到有胜过自己的一方，最本能的反应是评估缩短彼此差距的可能性：如果可能性太小，就拉开彼此的距离，避免对抗；如果可能性很大，就努力提高自我，试图战胜对方。这是一种典型的"我能"的强者心态。而女性的嫉妒心态在于，看到胜过自己的一方，因为受制于"我不能改变自我"的这种"无力感"，所以下意识地认为贬低或打击对方是唯一可缩短彼此距离的方式。这是一种典型的弱者心态。在这种无力感的作用下，嫉妒的一方很容易将自己被害化，从而合理化自己将要做出的种种不合理的攻击举动。

嫉妒是滋生仇恨的温床

我并不是想为第三者正名，只是觉得现在的社会舆论似乎就是另一出《金锁记》，女人用病态的方式来践踏女人。

前几天,公司团建玩游戏,有一个女孩子输了,被罚要说"真心话"。她抽到的问题是:当你的男朋友爱上你的闺蜜,你怎么办？她拍了一下桌子,斩钉截铁地说:"和闺蜜绝交啊！这样的女人还能继续做朋友?"周围的女孩都拍手叫好。只有我追问道:"为什么你的男朋友爱上你的闺蜜,你要和你闺蜜绝交呢?"她愣了一下,回过神来之后说了一句:"对噢,应该和男朋友分手,然后和闺蜜说他就是个渣才对。"

为什么男朋友出轨了,女人第一反应就是要撕小三？试想一下,人人都在喊打小三,其声音远高过打出轨者。人们普遍认为,第三者都是狐狸精,处心积虑、死缠烂打、威逼利诱地勾引了一个男人,出轨者都是情有可原,他们只是一时糊涂、迷了心窍、马有失蹄,犯下了一个"男人都会犯"的错误。如果社会是这样的,那么这个社会的两性文化一定是出现了什么问题。

嫉妒是我们心中的一只怪兽,不要用臆想去喂饱它,请用自信心对它挥出一记漂亮的重锤。

日记页：和自己对话

给我一个理由忘记

那么爱我的你

给我一个理由放弃

当时做的决定

有些爱越想抽离越清晰

那最痛的距离是你不在身边

却在我的心里

——《给我一个理由忘记》　A-Lin

分手 6 个月后,我再一次踏上了约会的征途,对象是一个笑起来很温暖的北欧男生。当他问我"上一次为什么分手"时,猝不及防的我,泪水夺眶而出,眼线花成一片。约会的结局自然是草草结束,北欧男生也再没出现。

这件事给我最大的启发就是:失恋后,千万要用防水眼线笔。

失恋后,我们总以为伤口已经愈合,但只要有人不经意提起,你还是会感到阵阵抽痛。这时的你,可能已经用尽了自己所能想到的所有方法去摆脱那段伤痛的记忆。如果还不行,或许你可以转向专业人士求救。

各种流派的心理咨询师

很多人会问，心理咨询专家不就是心理医生吗？其实不然，心理医生只是心理咨询师的一个统称，心理咨询在西方已经有百年历史，发展出的流派各不相同。没有一种公认的正确的流派，只有最适合你的流派。有些人尝试了很多位心理咨询师都不见疗效，很有可能不是心理咨询师选错了，而是咨询的流派不适合。

1. 精神分析疗法(psychoanalytic therapy)

精神分析学是 19 世纪末期奥地利神经学家西格蒙德·弗洛伊德创立的一门学科。精神分析学相信，人的心理发展是由幼时经历决定的，人类的行为大部分是由无意识的欲望所决定的，而意识及潜意识与现实之间的矛盾会引起心理疾病。

精神分析学的关键词有：潜意识、恋母情结/恋父情结、防卫机制、梦的解析。

精神分析学被广泛应用在女权主义理论、酷儿理论以及两性关系分析。精神分析学相信，人类的大部分行为和心理困扰都起源于性以及和性相关的问题。精神分析疗法需要长期、频繁的诊疗才能起作用,一般1周要进行至少3次时长为1.5小时的诊疗,连续进行3个月以上。

目前,精神分析疗法比较著名的诊疗所是坐落在伦敦的Tavistock诊疗所,它也是当初弗洛伊德任教的心理机构。精神分析疗法会挖掘心理症状的症结所在,分析幼年成长经历、潜意识、梦境等更全面深入的病因,能很好地帮助病患从根源上了解心理疾病,达到治疗效果。

2. 认知行为疗法(cognitive behavior therapy,CBT)

CBT模型基于行为和认知心理学是"以问题为核心的"和"以行动开始的"。CBT治疗师的角色是帮助病患发现和练习有效的治愈机制以帮助其康复。对于一些轻度情绪疾病,CBT会比精神分析有更好的效果,如暴食症、焦虑症、创伤后应激障碍(PTSD)等。

打个比方,一个CBT治疗师可能会要求暴食症患者在手腕上缠绕一个橡皮筋,每当想暴食的时候就拉动皮筋弹手腕,用疼痛提醒自己,不要做不该做的事情。精神分析法的治疗师则会让患者躺在躺椅上,慢慢去分析他幼年时候发生的重大事件，分析他的潜意识，揭露他会暴食的真正原因，针对潜意识里的本因解决暴食症状。

3.人本主义疗法(humanistic therapy)

除了上述两大疗法，人本主义疗法深受人本主义者拥簇。人本主义心理学兴起于 20 世纪 50 年代，由美国心理学家马斯洛创立，被称为除精神分析和行为学派以外心理学上的"第三势力"。

人本主义心理学批判精神分析学是伤残心理学，批评行为主义是幼稚心理学。人本主义心理学关注每个人的潜力，并强调成长和自我实现的重要性。其基本概念是人生来是好的，是社会问题导致了人天性的偏离。

在诊疗过程中，治疗师必须真诚一致、给予无条件正向关怀以及富有同理心。这与精神分析和认知行为疗法有很大区别，后两者都要求治疗师保持客观、中立。

目前，人本主义疗法不如前两种疗法那么普遍，也许是因为它过度强调人性的正向，而忽略了心理学作为一门科学的严谨性。作为一种心理疗法，它并非没有疗效，只是适用人群有限。

除了上述所说的心理诊疗三大势力，大家熟知的可能还有艺术疗法（art therapy）、集体治疗（group therapy）、格式塔治疗（gestalt therapy）、性疗法（sex therapy）等。

如果想得到心灵上的抚慰，想有春风拂面般温暖的咨询师，可以选择人本主义疗法；如果第一次经历失恋，想通过改变行为模式快速治疗心理的伤痛，考虑一下认知行为疗法；如果失恋了很多次，觉得情路一直不顺，或者认为自己始终在爱情的迷宫里面打转走不出来，不妨尝试精神分析法，透析自己的潜意识，找找爱情不顺遂这个表面病症下的本因。

人生教练（life coach）

除了心理治疗，**人生教练**也是一种很有效的过渡辅助。Coach 常常被翻译成导师，其实导师是 mentor。所谓导师（mentor），是在职业的某一个领域很有成就的人，他好像一个经验丰富的师傅，会直接给予你职业指导。不同的是，教练（coach）绝不会给你任何直接的指示,而是运用一种系统的聊天技巧,通过问你问题,帮助你找到解决方案。好的人生教练像一面镜子,除了能真实地反映出你的心理、情绪状态,还能放大那些被你忽略的思绪,从而让你更全面地了解自己的心理状态,最后自己做出人生的选择。人生教练不会去分析你,他和你的关系更平等,他不是一个高高在上的权威专家,而是你身边最真实的督促者、辅助员。

目前,在上海已经有一批已经从业的很优秀的人生教练。我的经验是,心理咨询师会在你有心理疾病、情绪伤痛时引导你走向健康的道路,帮助你治疗精神上的病痛。人生教练则是在你对人生选择感到无比纠结的时候,帮助你认清楚前面的道路,从而做出更理性的选择。两种职业有着完全不同的服务目的,两者不可互相替代,都是人生路上重要的指引和伙伴。

精神病学专家(psychiatrist)

如果人生教练、心理咨询师都没能抚慰你失恋的伤痛,几个月后你还是在失恋的深渊里走不出来,那么,请不要犹豫,去找一个好的精神病学专家,借助现代科学的力量,快速挽救自己已经衰弱的神经吧。

心理咨询师专注于非药物干预治疗,而精神病学专家是拥有处方权的专家。先别被"精神病学"这四个字吓跑,现在很多人已经能够接受心理病是一种常见的、正常的疾病,但却对精神病学专家还是有很大误解。其实,在发达国家,很多有情绪病的患者都会寻求精神病学专家的帮助,比如很多在中国只被认为是心情不好的症状,如狂躁、忧郁、焦虑等,都能通过处方药得到快速控制。

一项最新的调查显示,有近2成美国成人每天都需要服用情绪控制药物,以帮助自己放松。没有人会鼓励药物滥用,但也请坚决反对讳疾忌医。如果失恋的伤痛让你在很长一段时间内食不知味、夜不能寐,严重影响了你的生活,那么请认真考虑,是否需要借助处方药的帮助先把情绪稳定下来。如果放任不管,久而久之,很有可能会由情绪病恶化为抑郁症,甚至是更严重的精神疾病。

一个文明的社会,一定是大家各司其职,在各自的岗位上把自己的职业优势发挥到最大的社会。失恋了,其实不用自己硬扛。除了家人和朋友的温情暖语,找一个能信赖的专家,借助她的专业背景和知识体系将你引导出心灵的囚笼。或许,治疗结束时,你收获的不仅是一颗痊愈的心,还多了一个未来人生最坚实的盟友和导师。

日记页：和自己对话

失恋第四周

第21天　移情别恋

我一个人吃饭旅行

到处走走停停

也一个人看书写信自己对话谈心

只是心又飘到了哪里

就连自己看也看不清

我想我不仅仅是失去你

——《叶子》　阿桑

　　失恋后,如果整日沉沦在爱情的凄凄惨惨戚戚之中,久而久之,你会发现,整个世界都变小了,人也变得越来越狭隘。这时候,不妨尝试一下"移情别恋",寄情于其他事物或者转而发展一下自己的兴趣爱好。你会发现,生活真的不只有爱情,还有太多美好的细节等着你去挖掘和体验。

　　紫式部是日本平安时期的女作家,她创作的《源氏物语》是世界上最早的长篇小说。20岁的时候,她嫁给比自己年长25岁的藤原宣孝。不幸的是,婚后第4年藤原宣孝就去世了,从此紫式部过着寡居的生活。但她并没有因此而郁郁寡欢、一蹶不振。在丧夫的同年,她就开始创作《源氏物语》。这本书开启了日本"物哀"文化的时代,被川端康成誉为"无法逾越的高峰"。

寄情于人在于发泄，寄情于物在于聆听

分手之后，向亲朋好友寻求安慰、发泄倾诉是我们的本能反应。我之前有一个同事，她每见到一个人都会把她最近一次惨痛的分手过程讲述一遍。她讲得滔滔不绝，完全不给听众插话的机会。她的目的其实不是沟通，而是发泄。

单纯的倾诉、发泄是很解气，但是心头的伤口并不会因此得到愈合。只有静下心来，寄情于物，舔舐伤口，疼痛才能得到减轻。

那么寄情于什么样的事物比较适合呢？或许你可以尝试一下以下几类：

1. 一个常被忽略的生活习惯
2. 一件能让你专注很久的事物
3. 一种能产生灵魂共鸣的艺术

生活习惯

　　培养一种新的习惯很容易帮助我们打破之前的旧格局,创造出一种宛如新生的感觉。一个良好的新习惯不仅能帮助你和过去划下分割符,同时还可以帮助你改善自身。它可以是开始减少外食,自己在家研究厨艺;可以是和熬夜晚睡说再见,每天早上一杯柠檬水;也可以简单到下定决心杜绝迟到……细节决定一切,也许你此刻培养的一个小习惯能够悄悄地改变你的一生。

　　习惯在一朝一夕间养成,既出于你自身的爱好,又源自自身的坚持。培养一个生活习惯,让你的生活变得充实、精致,若干年后你会庆幸此时的决定。

专注的力量

　　失恋以后,挫败感是最常见的负面情绪。有挫败感的时候,人会变得易怒、不耐烦,也很容易与他人起争执。而消除挫败感的最佳方案之一,就是相信自己——我能,我可以。

那么，如何让自己产生自信心呢？首先，我们需要将自己的注意力从失恋这件事上转移开。选择一件让你感兴趣的、可以持久保持专注的事物，把自己的注意力转移到它身上去。当你不再因为失恋而无所适从，而是可以专心致志地做一件你喜欢的事情时，恭喜你，你已经成功一半了。

有人问：你觉得男生什么时候最帅？我会回答：他专心做一件事情的时候最帅。

专注不仅是一种魅力，更是一种力量。专注，大概就是认真加毅力。当一个人专心致志地做一件事情，并持之以恒，才能被称为专注。一个有专注精神的匠人，一辈子只追求做好一件事；一个有专注精神的爱人，一辈子只追求爱好一个人。

专注的力量，还有了不起的疗愈作用，前几年风靡一时的《秘密花园》系列图书就是最好的证明。

《秘密花园》是英国插画家乔汉娜·贝斯福创作的成人版涂色书，读者可以任意挑选颜色为其着色，这个秘密花园里藏有各种可爱的动物和让人着迷的风景。一笔一画，填色描图，就是重复这简单的动作，就已经给无数的人带来了心灵上的慰藉。

为什么这么简单的一本画册,却能带来心灵治愈的效果?其中的原因可以参考心理分析荣格学派中的曼陀罗绘画疗法。给图片上色这简单的举动,其实是心理和情绪的投射。失恋的人往往心中有太多的矛盾和挣扎,这些剪不断理还乱的情绪光凭其自己的力量很难得到梳理。这时候,手捧一本画册,选择自己偏好的颜色,把心底说不出道不明的情感一笔一画投射在画布上,一边静静地梳理纷杂的情绪,一边让自己沉浸在描画中,把自己这个"我"从那个存在痛苦和悲伤的世界中抽离出来。

等完成一幅画的时候,整个人会有一种如释重负的舒爽感。这个时候,你可以再检视一下美丽的成果,或许,画布上反映出的你的情绪会让你对自己有一个全新的认识。

专注于一件事,可以让你有全新的感官体验,能够让你从失恋的痛苦中抽离出来,在治愈伤痛的同时重拾信心,发觉"我能,我可以"。

寄情于艺术

艺术是有生命的。小时候虽然我是在父母的要求下学了钢琴，但现在它已经变成我和音乐之间最直接的一条纽带。十年不弹琴，识谱慢了，手指不灵活了，但是听到贝多芬的作品时情绪依然会不由激昂起来，听到巴赫的作品时则会慢慢平静下来，而听到莫扎特的作品时则会不自觉地雀跃。这也许就是钢琴赋予我的欣赏音乐之美的能力。

失恋的你，不妨考虑投入艺术的怀抱。你可以倾心于印象派画作，感受迷蒙的美；也可以看看鬼斧神工的石雕艺术，体会那苍劲之力；或者抚一把古琴，让古琴带你穿越千年的时光，回到最古朴的年代。你可以欣赏，可以参与，甚至可以用心钻研。艺术与我们的灵魂共鸣，为我们打开新的世界。到那时，失恋就真的变成一件很小的事情了。

失恋28天，慢慢和自己复合

184

放下爱情，"移情别恋"吧！像小王子爱上玫瑰那样，用心爱一些事物，释放自己的灵魂！

日记页：和自己对话

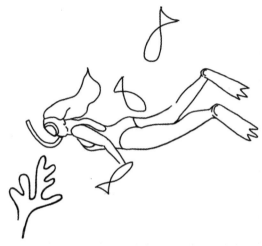

谁在背后拼命地追赶着我吗

何事脚下每步路都有汗跌下

持续了十里肾上腺分泌还在加

喘气吧

急快吧我的秒速只许加

急快吧更不可能斗快吧

急快吧我想要的天天增加

来吧来吧来吧来吧

——《跑步机上》　容祖儿

失恋第一、二周，你可以抱着冰淇淋在家里痛哭。而到了第三、四周，就不该让苦闷继续困扰自己了，跑起来吧！让运动来赶走颓废。运动的时候人身体会分泌多巴胺，这是一种会让人感到身心愉悦的物质。

失恋后的运动可以给你带来两大好处：

1. 舒缓情绪
2. 变得更好

稳定情绪的运动

"失恋"这一敏感的时期，若是想舒缓情绪，游泳将是你的不二选择。很多科学实验已经证明游泳是缓解抑郁、放松心情的有效运动方式。

游泳的时候,水上的世界被光影所模糊,外界的声音也因水波而变得破碎。在跃入水中的那一刻,世界被分成了两半,在水中,只有你。而那个让你伤心痛苦的世界被水隔绝了,在水下的世界,你能听到的只有自己清晰的心跳和手臂划出水花的声音。在这个花花世界中,想找一个安静的角落无比困难,而水中的世界就好像达到了这个要求。人可以安心地蜷在水里享受片刻孤独,而喧闹后的孤独将会是最好的疗愈之法。

除此之外,游泳还能让我们模拟回到最初的起点——母胎。人和水的牵绊远远早于文明的建立,大部分人在水中会有一种说不出的安全感和归属感,这其实源自我们胚胎时的记忆。

另外,潜水也是不错的选择。潜水的时候,你可以看到五彩斑斓的热带鱼从指尖穿过,美丽的珊瑚就在你身后,那一刻,仿佛什么都不重要了。

除了游泳、潜水,瑜伽也是非常适合分手后进行的运动项目。这些运动项目都能在放松人心情的同时,达到塑形美体的效果。在这里,我推荐大家可以尝试一下空中瑜伽。

我第一次尝试空中瑜伽是在一年前,那时候陪一个泰国朋友去瑜伽馆,然后就迷上了这项运动。空中瑜伽吸引我的并不是那些花式翻腾的动作,而是其帮助冥想的神奇功效。你只需要把身体完全交给吊床,然后整个人头朝下悬空,双手倒垂在地上。你感受到全身的血液慢慢涌向大脑,整个世界都颠倒了,思维也好似跟着换了一个全新的角度。闭上眼睛,用心感受重力对身体的作用力,感受大地对人最原始的召唤。这时候,人如同一只茧中的蝴蝶,安静地聆听着自己的心声,同时向往着破茧的那一刻。

迎接更美好的自己

　　运动,无论从健康还是审美的角度,都可以换来一个更美好的自己。运动不需要你做太多的牺牲,你不必改变原来的生活轨迹,只需要留出一小块时间,并持之以恒。你可以挑一个阳光灿烂的好日子,带上跑鞋,在阳光下畅快地跑一场。爱上沐浴阳光的感觉,爱上大汗淋漓的畅快!

　　也许是为了站在他面前能自信地微笑,说一句"好久不见"。也许是为了让自己无论是身体还是心灵,都能够重新恋爱。总之,动起来吧!

变美之后，还想变得更强，试试极限运动吧

如果心情实在压抑得快受不了了，那么不妨考虑一下极限运动，跳伞、蹦极、潜水等都是你可以选择的项目。体验一下极限运动带给你的刺激，将心中的不畅快通通抛掉。

高空跳伞不光会带来心理上的冲击，还可以让人平静。当你从飞机中跃出，刹那间的恐惧会渐渐转为兴奋，接着转为平静。在高空中，你可以自由地呐喊、释放情绪。当飞行逐步稳定，你从空中俯瞰大地时，那种平静又美好的感觉，会让你感觉仿佛置身于天堂。

极限运动会让个人的自我感无限缩小，把世界的浩瀚感无限放大。当这两个感觉相结合的时候，会让人在固定空间看到时间的悠长。"现在"这个时间点，只是浩瀚宇宙无限维度中的一粒尘埃。当目光可及的世界变大，失恋这点事就会显得渺小很多。

尝试社交型运动

网球、篮球、羽毛球、桑巴舞……群体运动是运动和社交的完美结合。如果你是一个自制力较差的人，那么把运动和社交网络结合起来，让朋友监督你一把。

女孩子跳好桑巴，会更容易结交朋友，更别说还能练得一身漂亮的线条肌肉了。打好网球，有大把的网球社等着你加入，除了遇到好的运动拍档外，说不定还能意外收获一个击球利落的男朋友。亚洲女生选择篮球和足球的比较少，但像篮球、足球这类的群体运动非常能锻炼一个人的团队协调性。我这辈子最快乐的时刻之一，就是自己参与的女子篮球队取得了全校冠军的时刻。五个女孩子跳着，叫着，觉得肺都要喊破了，互相拉扯着球衣，笑得一把鼻涕一把泪的。好的群体运动绝对可以让我们的身心在"分享"和"承担"上变得更加健全。

无论是个体运动还是群体运动，总有一款适合向往积极的你。最后，推荐村上春树的书《当我谈跑步时我谈些什么》，可以读读坚持了几十年长跑的村上春树在思考些什么。

日记页：和自己对话

第23天　和前任做朋友真的是伪命题吗？

我最亲爱的你过得怎么样

没我的日子你别来无恙

依然亲爱的我没让你失望

让我亲一亲像朋友一样

虽然离开了你的时间一起还漫长

我们总能补偿

因为中间空白的时光

如果还能分享也是一种浪漫

——《我最亲爱的》　张惠妹

不知从什么时候起，人们开始恶魔化前任，身边的朋友说到前任也是一副咬牙切齿的模样，对自己男朋友的前任就更是抱着深深的敌意。

为什么很多人不信爱情能转化为友情？实际上，爱情的产生，更多靠的是激情和勇气；而友情的转化，则需要双方感性的积淀和理性的坚持。

为什么要和前任做朋友？

因为这个人。想想看当初为什么爱上他，因为他的那些珍贵的特质，不是吗？若他的特质依旧闪光，那为什么不换个方式继续珍惜他？

因为这段恋情。他送你的玫瑰花或许已经凋谢了，但请不要抹杀它曾经绽放的红。因为这段情，你成长了，你也帮助对方成长了。脑海中浮现的这段情，与其咀嚼它的干涩，不如用友谊为它正名。咖啡喝第一口会苦，只要你不吐出来，缓缓吞下，用味蕾细细感受，你就会尝到几秒后的回甘和它带来的温暖。

因为你的回忆。若分手很难堪，当你回忆起这段恋情，必然感到难过、痛苦。谁都不想拥有一个处处是沼泽和雷区的记忆花园。人都会老，当老去时坐在摇椅上，只能靠回忆摄取甜蜜，现在的我们何不为那个时候种下鲜花呢？

因为你自己。放下成见，用另一个角度欣赏一个人、一段情，并用无比温暖的心去接受并守护它，你会成为一个更柔软的自己，你也会更爱这样的自己。

想和前任做朋友，要知道几个前提，也要掌握几个基本方法

前提：交往过程中没有发生原则性背叛。

为什么大部分恋人分手后无法做朋友？大多是因

为发生了背叛。我们常常做了那个爱情中的背叛者而不自知。明明喜欢上另外的人，却懦弱地选择维持当下的感情。或者为了得到更多的爱，让自己感到安全，就编织各种谎言。

背叛的定义其实很广，也许人的第一直觉想到的就是出轨，但爱情中的背叛其实泛指违背两个人曾经的约定。背叛的落脚点，往往不是背叛了你或我，而是背叛了这一段感情。

最严重的背叛，莫过于踏破对方的底线，这会给爱情中的另一方带来摧毁性的伤害。面对最无法容忍出轨的另一半，却发生了一夜情；明明知道对方的底线是个人的隐私，却一再偷看对方的手机、电脑信息……一旦底线被践踏，信任便会土崩瓦解。没有信任的感情，就像没有地基的危楼，就算留下了表面，也只是一个空壳而已。

和前任做朋友的窍门

和前任做朋友确实不容易，这里有个小窍门可供借鉴。

我们花了几年的时间,把另一个灵魂融入了自己的生命。当爱情不再,或维系爱情的支点崩塌,那融入心底最甜的蜜就会凝结成最毒的箭,贸然拔出来,不死也半残。所以,我建议,你花了多少时间和对方在一起,请花相同的时间分手。

和 T 分手,是我这辈子做的最困难的决定。分手的原因不是不爱了,而是双方人生的轨迹分开了。我不敢想象如果我贸然说分手,我们彼此会变成什么样。我思前想后,决定花 6 个月的时间陪伴彼此分手。我们用半年的时间慢慢把彼此心上的箭拔出来,更确切地说,我们用半年的时间从情人变成亲人。

后来,有很多朋友问,当初何必坚持那 6 个月,为何不直接分手算了?答案其实很简单。当初爱他,不是因为他男朋友这个身份才爱他,而是因为他就是他。我爱的是这个人,而不是他在我人生中扮演的角色和身份。无论他换了什么身份,我都想守护这个人。

和前任维系友谊的守则:相互尊重,停止暧昧

想要和前任维持友谊,请停止暧昧。除了身体接

触以外,还有太多处在灰色地带、可以被解读成不同性质的行为和语言,而这些行为和语言都已经不再适用于两个已经分手的人了。

摔倒了,自己咬着牙爬起来;搬家了,自己扛箱子下楼;想他了,闷一口红酒。这么做,是为了尊重他,这与他有没有新的女朋友没有关系。你还在痛,他何尝不痛?两个人都在努力地从感情困境中往外爬,不要因为你的软弱再把他拽进来。有些事情,普通朋友就算可以做,你们也不可以了。

暧昧就像一个人一直站在跷跷板中间,战战兢兢地保持着平衡,并享受着刺激的欢愉。刚分手的你,向前一步就是前功尽弃,向后一步则是万丈深渊。这个平衡木,还是不要站上去为好,免得失去了平衡而两相怨恨。

一份在爱情废墟后新生而又脆弱的情谊,需要额外的小心呵护。它虽然脆弱,但因珍贵,值得被捧在手心。

相爱的最后一里路,彼此互相轻轻推一把,用隐忍包裹着爱送对方最后一程。走几个回转,虽然爱被深埋入地下,但情会倔强地从地底三尺伸出一寸枝苗。到那时候,可以找一个心灵的花盆,将这破土的新芽种进入生的花圃,时不时回忆起那时候的美好,感叹人生际遇的奇妙。

忘记太容易,我们都太弱小,总选择看似容易的道路来走。但捷径通往的常常不是天堂,而是天堂和地狱之间的那一片灰色地带,那是让我们看不清黑暗与光明的一片天地。去到了那里,我们最终得到的不是痛苦或伤悲,而是遗忘自己。

日记页：和自己对话

第
24
天　孤独可耻吗？

单身的好日子　有没有虚度

再完美的孤独算不算美中不足

孤身　身处何处有净土

独立　立在哪里无寒露

——《完美孤独》　莫文蔚

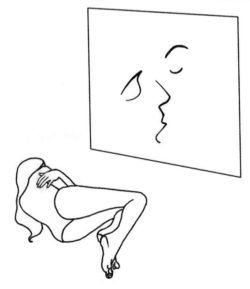

207

1994年，滚石"魔岩三杰"之一的张楚一首《孤独的人是可耻的》唱遍大街小巷，从此，孤独不仅是一份悲伤，还成为一种过错。分手是我们不可承受的痛，究竟是因为我们太爱对方，还是我们太怕孤独？如果孤独并不像你想象的那么可怕，那么分手可能会变得容易承受一些。

你参加一个不太熟悉的热闹派对，你觉得自己格格不入而倍感孤独；你走在熙熙攘攘的街道，因为工作了一天，你的肩膀酸痛无比，这时候，你突然觉得身边所有的人都像飘过的掠影，而你是存在的唯一灵魂；你的情人牵着你的手，对着你说情意绵绵的话，你觉得你俩身处在两个平行空间，两个人的思路完全没有交流。

解决孤独的办法，不一定是陪伴，而没有陪伴，就一定孤独吗？

独处的时候不孤独，这样的例子不止一个。美国作家亨利·戴维·梭罗在《瓦尔登湖》这本书中记录了他充实且幸福的独处生活。1845年，梭罗在距离康科德两英里的瓦尔登湖畔独自隐居两年，自耕自食，体验简朴和接近自然的生活。如果你感到孤独的侵蚀，不如翻开这本书，看看里面偶尔来木屋拜访的小松鼠如何机灵地找食物，跟着梭罗的描述，想象一下瓦尔登湖在冬天结成的冰层反射着阳光的样子。

其中，有一段话非常美：

我出去散步的时候从不灭壁炉里的火，每当我回来，火还在燃烧，就好像我不在房子的时候，房屋也不是空着的，就好像我和"火"居住在一起。

人类常常会感到孤独，因为我们已经忘记大自然中还有其他的生命。不仅是动物、植物，其实拥有"生命力"的事物何止这些？除了为人带来温暖的火焰，还有天空不断变幻的云朵、树丛中流淌的涓涓溪水……所有这一切都已经变成我们大脑中的"背景板"，我们能感知的生命越来越少，然而，我们有更快乐吗？在我们的大脑中，当我们判了这些事物死刑时，也宣判了我们的灵魂在"孤独"这座大牢中的终身监禁。

我们慌不择路地寻找伴侣，我们无法接受单身，分手对我们每一个人来说都是不能承受的酷刑，因为我们不仅失去了爱，还必须再回到"孤独"这座监牢中。

但实际上，打开这座牢笼的钥匙，就在你手中。

陪伴不必然能解决孤独，但沟通一定可以。

为什么很多人错以为"我喜欢有人陪伴，这样就不孤独了"。举个例子，电视剧陪伴我们，但依旧让我们感到孤单，直到"弹幕"出现，很多人大呼"总算一个人看电视不觉得孤独了"。从这里就可以看出，陪伴最重要的意义是提供无限量的"交流感"。所以，交流应该是需求的主体，陪伴只是最普遍的提供交流的方式。

那一个人的时候怎么寻找有效交流？

答案就是，去做那些能让你感受到"精神空隙"的事情，比如去看书、看电影，而不是看电视剧或者综艺节目。

这两年在外国有一本书很有名，叫作"盐糖脂"。它讲述了工业革命以来，美国的食品巨头公司如何用盐、糖、脂操纵人们的味蕾，腐化孩子们的健康。很久以来，美国化学家就分析出来，盐、糖、脂是三种最容易让人的味蕾产生"轰炸"效果的味道。过去半个世纪，美国食物变迁史就是把所有能吃的东西变得"更咸、更甜、更多油"的过程。

举这个例子，因为这里要引出一个概念叫作"空隙感"。如果说盐、糖、脂对我们的味蕾进行着"无空隙"的疲劳轰炸，摧毁了人天生健康的味觉，那么娱乐性质的电视剧和综艺节目就是对人的精神世界进行"无空隙"的疲劳轰炸，摧毁了人能"自己和自己交流"的空间。

其实，我们都曾经自己和自己交流。这种"自我交流感"在读书的时候尤其明显，你的大脑开始思考，开始和文字内容进行交流，这种交流来自对文字含义的思考，思考后你会有认同、反对、领悟、反思等主动性思想，这些思想从你大脑出发，在你的意识、认知和记忆中环绕，最后再回到你的大脑，形成了一个交流闭环，这个交流闭环就能创造出"自我交流感"。

为什么读书能做到，而电视节目做不到？因为读书能创造"精神空隙"，电视不可以。主要原因有两点：电视是动态的，文字是静态的；电视内容是娱乐化的，文字内容（垃圾文字除外）是站在娱乐的对立面的。

动态影像最容易"填满"人的大脑，好莱坞大片1～

3秒就切换一次镜头,目的是让观众保持新鲜感,而实际作用则是阻绝了观众能思考的"时间空隙"。

动态影像"主动"灌输信息给我们,而文字内容则被动地等待我们来"临幸"。这个差别之间,"思考的空隙"就出来了。此外,静态影像也属于"被动"媒介,而且同样能创造"空隙",所以同样的"自我交流感"可以在画廊和艺术馆出现。著名学者许子东说过,他在电影院前前后后睡着了好几次,但是每一次醒来都还是觉得好看。笔者也深有同感,因为这样的影像能让人感受到:我在交流,而我的思想在呼吸。

"孤独"是我们内心不安的替罪羊

其实,孤独没有重量,孤独也并没有那么可怕。想想看,痛苦、悲伤、愤怒、痛恨……这些情感才是有重量的。如果把我们的情绪比作平原,这些情绪能在上面砸出一个个大坑来。但孤独不一样,孤独就像空气。你不理它,它也不理你。

试想一下,你一个人坐在家里,这个时候没有外力作用,没有外界情绪的影响,只因为身边没有了心爱的人,你就会感到孤独,并且惧怕这种孤独?难道我们本来不是一个人来到这个世界上过了这么多年吗?

我们可能搞错让我们恐惧的对象,让"孤独"当了那个替罪羔羊。

人本来就有那些不安的因子和焦虑的情绪。当世界纷扰的时候,我们听不见、也看不到。可是,一旦世界安静了,嘈杂的噪音退去,纷乱的画面静止,我们内心深处那些原本就有的负面情绪会全部浮出水面。孤独,拉开了人内心深处情感舞台的帷幕,让人直视自己的内心,却背上了让我们恐惧的罪名。

世界上最难的事情,可能就是放空 10 秒钟,什么都不想。人不仅是社交动物,更是思考型动物,就算努力控制不想,大脑里面装着各种情绪、思考、认知、感知的潘多拉盒子从不会停止对我们泄露信息。我们迫切需要交流,但是交流的对象可以是很多种、很多个。

分手之后,你进入了独处模式,但只要把视角打开,懂得和这个世界交流,你并一定会感到孤独。如果不惧怕孤独,那么在处理分手带来的其他负面情绪的时候,也会更游刃有余一些。毕竟,当孤独变得不可怕,我们的心态会更平和,会离绝望的悬崖再远一点。

独处,是自己陪伴自己的时光。这时候,如果你感受不到自己在陪伴自己,那么你把自己搞丢了。世界上没有两片相同的树叶,没有什么比自己陪伴自己,更容易让人感到幸福的。

日记页：和自己对话

如果我是一个哲学家

忘了一个心中的名字有多难

看一本书走一段路

逛一个美术馆听一首歌

过一条河喝一碗酸梅汤

一万种人有一万种适合的治愈方式

我恰巧就属于文学治愈我的那种

——《哲学家》 范玮琪

失恋后读本好书或者看部好电影,都是不错的疗愈方式。

文字的魅力是毋庸置疑的。无论是塑造人生观的哲学书,还是技能满满的工具书,文字都能把人带到一个或近或远的世界。不论你是想找一道难题的答案,还是想沉浸在美妙文字中静静地疗伤,或者想摸索未来人生的方向,文字作为人类智慧的最基本的载体,一定能提供给你想要的。只要你有耐心,便可以在浩瀚的书海中找到契合自己心灵的那一本。

《情人》（*L'amant*）

玛格丽特·杜拉斯（Marguerite Duras）

一次失恋后，我曾经发疯般地在网上找玛格丽特·杜拉斯《情人》的中英文版。年少时曾读过这本书，但早已经没有了记忆，只依稀记得内容讲的是法国少女遇到香港男人的爱情故事。人就是这样，遇到一些事情的时候有些模糊的记忆会突然跳出来，拉扯着你去重温过去的那种感觉。后来终于找到了。收到包裹时，我迫不及待地撕开包装，只是看着"情人"两个字干干净净地刻在做旧的白色封皮上，眼泪已经忍不住滴了下来。再翻开内页，看到一行熟悉的文字：

这么早遇到你，却为时已晚。

好的文字不需要读太多，有时候就是那一两句话就能直戳人心。你如果爱上了一个错的人，想找寻懂你的共鸣，那么翻翻看《情人》。有些爱情之所以美好，或许正是因为它的无可奈何，它在种种不可能中间找到一个小角落，努力地在夹缝中生存。或许受伤的你，能在这本书中找到一丝慰藉。

《浮生六记》 沈复

想看一本温情的书?《浮生六记》绝对是一个好选择。

《浮生六记》是中国清代作家沈复的自传体散文,"浮生"二字典出李白诗《春夜宴从弟桃李园序》:"……而浮生若梦,为欢几何?"这是一本很薄的小册子,记录了沈复和其妻芸娘相处的小故事,书中讲的大多是生活细节,或游玩,或拌嘴,或柴米油盐。芸娘出身书香门第,才情、见识、胆魄、情趣样样不缺。芸娘被林语堂称为"中国文学中最可爱的女人",若没有芸娘,《浮生六记》也许无法立名。两个人的夫妻生活可以说极其平常,但绝不平淡。半白话文读下来是需要一些耐心的,但它就如同一壶温茶,细细品味,回甘绝美。

分手后不免陷入一个"再也不相信爱情"的怪圈。也难怪,人的天性就是矫枉过正。只要认真恋爱三次(或许不需要三次),就连最乐观的人也会变成怀疑论者。然而,《浮生六记》是一本自传,不是小龙女与杨过,也不是七仙女与董永,它是真真实实发生过的爱情故事。其美妙在于,夫妻生活的描写并不轰轰烈烈,而是平淡如水,但贵在真实。或许读读这样的小故事,在暖心之余,也能萌生对未来爱情的憧憬。

《爱你就像爱生命》 王小波

想看有些戏谑、笑中带泪的爱情吗?那就入手一本《爱你就像爱生命》——最敬仰的学者和最欣赏的作家是一对夫妻,还能有比这更美好的吗?

李银河是当代最受尊重的学者之一,她对于中国性学和社会学的影响必定载入史册。而王小波绝对是一名套着讽刺文学壳子的严肃哲学家。他在追求李银河的时候写下了洋洋洒洒的情书,大部分都被收录在这本合集里面。

读它之前,你心里或许会惶恐,觉得自己仿佛戴上了偷窥者的帽子,在窥探一对恩爱夫妻的隐私。但读了之后,你才能理解为什么李银河要公开这些宝贵的信。当爱情如此之崇高,对于爱情的表述也如此之精彩,它将会给太多对爱情感到绝望的人带来希望。身处爱情之中,每个人都是盲目且可爱的。你能想象写出《一只特立独行的猪》的王小波会写下,"你要是愿意,我就永远爱你;你要是不愿意,我就永远相思"这样的情话吗?

王小波的文字，表述了一种对灵魂结合的向往。读读这本书，看看一代文学巨匠是如何面对爱、坚持爱并收获爱的，相信每位读者都会被其庞大的精神力量所感染，并感到幸福。

《飞鸟集》泰戈尔

心灵疲惫想来点鸡汤？印度文学泰斗泰戈尔的哲学诗集《飞鸟集》再适合不过了。泰戈尔的文学魅力远不止这一两句的鸡汤文字，他能够精确地捕捉自然的美好，并以优美动人的文字加以表述。

我们如海鸥之与波涛相遇似的，

遇见了，

走近了。

海鸥飞去，波涛滚滚地流开，我们也分别了。

小说就好像美术中的素描，一笔一划之间妙笔生花地勾勒出一个人、一件事、一个宇宙的轮廓；而诗更像是一幅抽象画，能带给人想象，能帮助我们打开大脑中被具象锁得紧紧的盒子。失恋之后读一读优美的诗集，最能短暂地疗愈伤痛。

看一场电影

如果你对文字不那么敏感，那么看几部好的爱情疗伤电影，也是个好选择。

《单身指南》讲述的是一个刚分手的女孩，只身前往纽约打拼的故事。电影情节并没有落入俗套，不是以她找到了一个白马王子为结尾，而是讲述了她通过一系列事件，学会如何过好单身生活。

《和莎莫的 500 天》也是一部关于分手的轻喜剧。它讲述的是男主角汤姆在和其女友莎莫分手后的生活，以及他对于两个人恋情的回顾，是一部笑中有泪的片子。

《爱乐之城》讲述了一个关于梦想的故事。电影里男女主角并没有上演"我爱你，所以我留下"的煽情戏码，而是选择"我爱你，所以我推着你去追寻你的梦想"。最终两个人虽然做不成情侣，但彼此再见时亦能相视而笑、彼此祝福。

如果觉得此时看爱情电影太沉重，也可以转而投入喜剧片和动画片的怀抱。《海洋起源》《冰雪奇缘》都是不错的选择。

　　面对爱情,我们都不太聪明,不如把几个小时的时间交给那些比我们更聪明的人,看一段有开头也有结尾的故事。迷茫的时候,走入别人设计好的剧情,把自己从人生中解放出来片刻,等走出剧情的时候,说不定能把自己的路走得更稳妥些。

日记页：和自己对话

你说过牵了手就算约定

但亲爱的那并不是爱情

就像来不及许愿的流星

再怎么美丽也只能是曾经

太美的承诺因为太年轻

但亲爱的那并不是爱情

就像是精灵住错了森林

——《亲爱的那不是爱情》 张韶涵

人生这条路，如果没有人生观作为导向，会走得乱七八糟。恋爱这件事，如果没有恋爱观坐镇，同样可能分崩离析。

什么是恋爱观？每个人心里都有一个模糊的概念。具体来讲，如果弄清下面几个问题，大致的恋爱观也就建立起来了。

1. 能爱吗？

2. 能恋爱吗？

3. 恋爱中要的是什么？

4. 恋爱中不要的是什么？

5. 你现阶段容得下恋爱吗？

你能爱吗？

什么是"能爱"？就是把心打开的能力。我们往往说"不会再爱了"，其实是在形容自己的心门已经关上了。人对于感情的处理，真的无法分门别类得那么干脆。当爱情的大门关上时，其他感情的大门也随之关闭了。这时候，世界上一切幸运的、不幸的感情都被隔绝在心门外，伤痛进不来，爱也进不来。当人受了感情的重创，会慌不择路地把心门锁上，来保护自己不再受伤害。心门关上容易，打开太难。

有没有遇到过这样的情况：分手之后一段时间，出现了一个各方面都合适的人，怎么看都是一个适合谈恋爱的对象，两个人也出去约会了，但对于"喜欢上他"这件事你总感觉力不从心？

为什么一定要找回爱的能力？

爱能让你的世界变得丰富多彩，能够帮助你完善自身，也能够带你领略世界的美好。也许失去了爱的能力的你，不会受到什么伤害，但你的世界会变得孤寂、单调。也许彩色的世界伴随着伤痛的隐患，但黑白的世界却孤寂得让人喘不过气。高墙四起，的确，你感觉安全多了,但你变成了自己的囚徒。

很多人在爱情中充满了占有欲、嫉妒感。然而,真正的爱情是一起奔向自由。囚禁彼此带来的不是"安全感",而是"窒息感"。在一个只有欲没有爱的恋爱中,对方就算再爱你,也会因为被囚禁,而变得无法呼吸,想要逃出这座城堡。而对方越想逃,你就越想把他锁住。两个人会在这样的相爱相杀中纠缠下去,或许能纠缠一辈子,但这样的爱情,快乐吗?

若想要拥有幸福美好的恋情,请先准备好爱的能力。

你有没有恋爱的能力?

爱与恋爱的能力,两者的关系就好像水与容器。没有容器,水就无法装载。而没有水,再精致的容器也只是一个空壳。爱的能力让人渴望爱,而恋爱的能力让人能够爱。

那怎么知道自己恋爱的能力如何呢?下面有一个小测试,请给自己每一项的能力打分,分值 1~5,由弱至强。最后看看自己总分是多少,然后再除以项数,看看自己的平均能力是多少。

1. 相信

我需要查他的手机吗？我会怀疑他说的话吗？我相信他吗？遇到一个男人，你是选择先相信他，直到发现他欺骗的证据才开始质疑他的人品？还是先质疑他的人品，直到他证明了自己的正直才开始相信他？

2. 承诺

你现在已经准备好对他做出承诺，并且一直遵守自己的诺言吗？做出承诺是迫不得已，还是心甘情愿？在维系自己诺言的过程中，会觉得痛苦吗？

3. 付出

付出自己能够付出的，这并不是真正意义上的付出，超越自己安全区的行为才是真正意义上的付出。可以问问自己，自己一直给予的，是不是来自自己一直熟悉且安全的领域？在未来，你能预见到自己跳脱出安全区，做出改变或牺牲吗？

4.妥协

思考一下你们的爱情中有哪些冲突。你是否每次都是原地不动,等待对方从起点跑到你这里来汇合?还是你和对方一起努力往目标走,最终两个人在中心点汇合?

5.分享

你是否能接受让对方看见自己的难堪? 你得到了荣耀是否会拉着对方的手一起举起奖杯? 想象一下你现在得到了全世界你最想要的事物(无论是一块最美味的芝士蛋糕,还是幸运地中了六合彩),面对你人生最大的成就,你会分多少给你爱的人?

6.坦诚

面对你过去的"斑点",甚至是灰色地带,你能坦诚多少? 想象一下,有一天你做了越轨的事,你有勇气坦诚,然后维系一段"有过失,无欺骗"的感情吗?

7. 忠诚

单身时的心态和有伴侣时是完全不同的。虽然没有男朋友,但生命中总是会有形形色色的男性角色。你准备好把这些男性角色都一一交代清楚,然后全身心地投入一段一对一的恋爱关系,并在将来也都忠于自己的爱人吗?

8. 坚持

以上的恋爱品质,每个人或多或少沾一些边。但要问问自己,你有坚持不懈保持它们的决心吗?

如果时间很充裕,最好把这一练习发送给最了解你的朋友,让他/她对你打分。我们的自我认知常常与真实情况偏差颇大,和朋友的评分对照一下,或许你会有更多有趣的发现。

在一段感情中,你要什么?

让我们假设,到了这一步,水有了,容器也有了,那么你拥有这个装满了水的容器的目的是什么？你需要得到的是什么？我们一开始都不知道自己想要的是什么，在亲身经历过很多事情之后，我们逐渐形成了一个比较清晰的框架，这个框架就是我们对感情的"上线"和"底线"。"感情上线"就是我们渴望得到的，而"感情底线"就是我们不能接受的。这样的"上线"和"底线"会组成一个相对清晰的蓝图，让我们不用乱窜。在这样的一个架构中寻找合适的人，更容易收获幸福的爱情。

当我们逐渐成熟，我们的"底线"会因为承受能力的增加而延伸，而"上线"也会变得没有之前那么重要，我们感情的"适用空间"就会扩张。

打个比方，年轻的时候独立性不强，所以需要对方陪伴的时间会非常多，那么找寻的"上线"肯定有"陪伴"这一条，而"底线"则是"时间充裕的人"。逐渐独立以后，"陪伴"的需求少了，那么"上线"和"底线"都会放宽，能选择的范围就会自动扩大。

你可以将你想要的分为三类：

- 必须有
- 最好有
- 无关紧要

你可以写下自己对于感情的诉求,然后把它们分到这三类中,这样你就大概能梳理出一个"理想的恋爱"的轮廓了。分出这样的类别能让你清晰地看到,什么是你可以做出妥协和牺牲的,什么是你无法舍弃的。当这些特质同时出现在一段感情中,如果"必须有"占的比重比较高,那么它应该就是你真正渴望的、能让你幸福的恋爱。

在一段感情中,你不要什么?

列夫·托尔斯泰说过,幸福的人都是相似的,不幸的人各有各的不幸。在感情中,我们大致能概括出人们想得到什么,但不同的人,他们不能接受的又各有各的不同。每一个人在成长过程中经历的苦痛大相径庭,正是这些经历决定了我们的"底线"在哪里。比如:

1. 不能接受对方有很多异性朋友

2. 不能接受信仰冲突

3. 不能接受性观念不一致

4. 不能接受丁克

5. 不能接受饮食观不一致(素食主义和肉食主义)

6. 不能接受养宠物

......

到这里,我们大概能建立起自己的恋爱观模型了。那么,再问自己最后一个问题——

你准备好恋爱了吗?

恋爱究竟是必需品还是奢侈品,每个人心里都有一杆秤。有人把它当必需品,当爱情来了,人生的其他项目都纷纷给爱情让道。

如果在你看来,恋爱不是"必须有",而是"最好有",或许这时就不是开展恋爱的好时机。恋情是为了更好地服务人生,而绝不是反过来。

如果你现在感到生活虽然忙碌,但是可以留出时间和精力来开始并经营一段感情,那么恭喜你,绿灯亮起。你的状态越稳定,你收获的恋情也越健康。

日记页：和自己对话

第27天　下场恋爱前的准备工作

没那么简单就能找到聊得来的伴
尤其是在看过了那么多的背叛
总是不安　只好强悍
谁谋杀了我的浪漫

——《没那么简单》　黄小琥

有些事情如果不做，请不要开始谈恋爱。

恋爱就像做面包，想要做一个可口的面包，前期的发酵工作至关重要。恋爱的准备工作主要就是先剖析，做到知彼知己。英文中有一个词叫作 informed decision（知情决定），即把信息了解全面以后再做一个重要的决策，这样即使在未来出现不如人意的地方，你也可以有应急措施。

这个知情决定，不仅包括了解对方，还包括让对方了解自己。

在恋爱前，真实地展现自己非常重要。你能假装一时，但不能假装一世。包装自己确实能开始一段恋情，但这层包装纸总会有被戳破的一天。自信地面对

239

自己,不断地提升自己,总会有一个人因为欣赏真实的你而走进你的世界。与此同时,你也需要充分了解这个潜在对象是否适合,包括观念、生活习惯、家庭背景、个人信仰等。请回忆一下自己或身边的例子,多少恋爱是因为匆匆在一起而草草收场?

这里准备了一份恋爱前的准备清单,请根据自身情况自行添加或删除。

见一见他的好朋友

人们常说,要想了解一个人,就观察他身边的朋友。人是可以伪装的,但好朋友是经年累月选择和维系的结果。约会时文质彬彬,在朋友面前却脏话连篇;号称非常尊重异性的男生,但好友言行举止却带着轻浮和挑衅……一个人的朋友圈就像一面镜子,能客观地反映出一个人的真实面貌。

所以,当他急于和你开始一段恋情的时候,先认识认识他的好友吧!

如果可以的话,让他也见一见你的好友,说不定会获得意外的信息。爱情总是会让人冲昏头脑,很多细节也许身在爱情中的我们是视而不见的,但是旁观者,比如你的朋友,一定不会忽略那些重要的细节。爱情的决定当然是自己来做,但收集一些好友的客观意见总是有所帮助的,尤其是那些经验丰富、洞察力强的好友。

一起去一趟短途旅行

两个人浓情蜜意地谈了半天恋爱,但能不能落实到实际生活中,还得打个问号。实践是检验真理的唯一标准,而旅行绝对是检验爱情的试金石。

我们在熟悉的环境中,是不需要面临很多选择的。在我们熟悉的城市里面,哪间餐厅好吃、哪家酒吧出彩、哪个区域安全,这些信息我们都一清二楚,所以潜在的分歧不容易表现出来。而到了一个全新的地方,两个人就要面临一系列选择。比如房间喜欢山景还是海景,餐厅风格偏好马来西亚还是新加坡,是更希望早起看日出还是晚上看日落。全新的环境会要求两个人一起做出一系列的选择,而这些选择会把很多隐藏在熟悉环境中的问题和分歧暴露出来。这个时候,两个人才有了第一次面对和处理分歧的机会。

经历一次争执

评价一个人的车技好不好很多时候不是看上路，而是看停车。爱情中，甜蜜的时光是最容易度过的，真正检验一段爱情能不能持久，不是看两个人幸福的时候能多幸福，而是看两个人处理争执的能力。

恋爱前要有一次争执，但这并不意味着没事找事来吵架。这世界上没有一模一样的两片树叶，也不可能有思维一模一样的两个人。没有口角绝对不意味着两个人不存在分歧，它其实是一个危险的信号：要么你们中的一方在装，要么你们中的一方在忍。

尤其是女孩子，一定要看一看一个男人在有分歧的时候是怎么处理问题的。据统计，1/4的女性都经历过或者正在经历家庭暴力。如果女人把情感付出去了，对方脾气暴烈，提出分手都是很困难的。所以在恋爱之前看一看对方在气头上的表现，这也是我们女孩子保护自己的方式。

看看他喝醉的表现

透过酒品看人品。现代人压力大，很多事情都习惯性地堆积在心里，我们的大脑不自觉地存储了太多精神和感情垃圾。于是借酒消愁成了最常见的发泄渠道。

喝酒之后，一个人真实的习惯、想法都会慢慢浮现出来。但请不要把这当作这个人的常态，毕竟我们每一个人都有一些不好的习惯或者邪恶的想法，但是作为一个社会人，我们用道德和良知在约束自己的行为。酒后如果失言失行，可以借此观察他不好的那一面。作为未来伴侣的人选，知道他言行的底线还是有必要的。

除了看到言行方面的真实一面，酒精还会揭露一个人最深层的情绪。也许他平日里乐观积极，什么事都往身上抗，喝醉了酒后会把头枕在你的腿上倾诉家庭的不幸。这样你就有机会看到他柔软的一面，真正地走进他的内心。没有一个男人是强大到刀枪不入的，喝醉了的时候，或许是他接受你温暖和帮助的契机。

了解一下上一次分手的原因

造成分手的原因通常都是一些重大的原则性问题，弄清上一次对方分手的原因能帮助你快速了解这个人的原则和底线。同时，也可以大概了解对方是怎么处理一段消逝的感情的。如果爱的时候轰轰烈烈、全情投入，一旦不爱了，翻脸不认人，那还是要小心。

同时，看一个人怎么评论他的前任很能反映他的人品。一个有心胸的人是不会在背后大说自己前任坏话的。如果一个男人在你面前把他的前女友形容得很差劲，那这样的人估计也没什么格调可言。肆意说前任坏话的男人看上去好像不太会和前任纠缠不清，但这样没有德行的男人在面对别的诱惑时能有多道德？如果有一天，你们的恋情进行得不顺，他又会如何诋毁你？

性生活观念

性生活在两性关系中占到非常大的比重。英国两性关系服务机构 Relate 做过调查，1/6 的人认为性生

活在恋爱中"非常重要"。有意思的是,认为性生活重
要的人在 2 年左右长度的恋情中占比较高,而在 10～
14 年长度的感情中占比较低。而一些澳大利亚的机构
调查显示,两个人在感情中的幸福程度和做爱的频率
有直接关系。

在一段两性关系中,基本上有以下几个联系:

- 生理联系(性、视觉、气味)
- 情感联系(浪漫、爱情)
- 智慧联系(观念、原则、对世界的认知)
- 精神联系(信仰、宗教)

在真正开始一段感情之前,一定要看看两个人在
性生活上的和谐度。

超过一个月再确定恋爱关系

一个月的时间能大致了解一个人以及他在爱情中
与你的合适程度,不同人需要的时间可能更长、也可能
更短,这个可以自己调节。

我曾经很喜欢一个男生,两个人在认识的第一个

星期就约会了 3 天,对方很快提出要确定恋爱关系,但我觉得相处的时间太少了。

我们有共同经历过什么苦难、一起分担过什么责任或者一同共享过重要的人生时刻吗?都没有。在真实世界的一个月时间内,我们彼此的人生会发生多少喜怒哀乐,我们又会共同分享和承担多少?而不经历这些分享和承担,我们怎么能大言不惭地说时机已经成熟了呢?

认真的恋爱,远不止是两个人手牵手享受甜蜜的时光;更多的时候,是两个人手牵手对抗世界的力量。时间这个维度,是测试两个人凝聚力不可或缺的元素。

问清楚双方对于"出轨"的定义

这个问题说起来大部分人都不以为然,"出轨"不就是一个约定俗成的定义吗?但其实如果讨论起来,你会发现每一个人对于"出轨"的理解或多或少都不同。

情感出轨算出轨吗?如果是,那么什么构成了情感出轨?生理出轨算出轨吗?如果是,又是什么构成了生理出轨?

对方的出轨的定义，才是你要捍卫的底线

　　摸清楚彼此对出轨的定义至关重要，因为你们彼此要守的是对方的底线。如果要开始一段关系，切记不要把自己对于出轨的定义当成宇宙法则，你要守的是对方的底线，而对方要守的则是你的底线，这样才是实际意义上的忠诚。

日记页：和自己对话

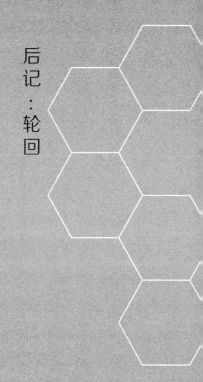

后记：轮回

下一次爱情来的时候

我应该可以冷静对待

微笑点头不急着安排

宁可心头多留些空白

爱 本是尘埃

爱 落在心海

爱 不知不觉 渲染开来 更改未来

——《下一次爱情来的时候》 蔡健雅

253

　　这本书写了半年，我也从单身慢慢准备切换到一场新的恋情中。从第一章满键盘都是泪水，到现在能平和地听着情歌写下文字，我的心态也随着这本书的写作在不断改变。这本书的文字创作对我而言，也是一个自我救赎和自我疗愈的过程。

　　这几天，我收到他的一条短信。

　　他说：你总在害怕，你有好多规矩……你说不定是我见过最难恋爱的女人。

　　我回答：不错，我喜欢恋爱前和恋爱后都保持真实的一致性。坏处是，恋爱前那疯狂的甜蜜期，对不起，我给不了；好处是，一旦开始认真恋爱了，你基本不会被什么意想不到的东西吓跑。

进入一段恋爱，要先和自己分手

写到最后一章的时候，我正在日本进行一个人的孤旅。临行前，他问道，请告诉我怎么才能让你过得更轻松，我会愿意去做。我迟迟没有回答，因为不知道怎么解释"你为我的人生带来了很多快乐，但肯定无法让我的人生更轻松"。两个人在一起，肯定要比一个人的人生更复杂。两个人一起的人生必然面临更多的问题，但两个人一起分担和解决这些问题的过程会是非常美妙的经历。

旅途中，他常发信息过来，其中有一条是：我知道你不喜欢发短信，但是请为了我，早晚还是要报个平安。于是，我每天早上起来，开始练习对他说"早安"，晚上睡觉前提醒自己和他道"晚安"，好几年都没有这样的习惯了。尝试了几天，我渐渐从不习惯到勉强适应，然后变成一种行为模式，可能以后还会从行为模式转变成思维模式。

在日本的最后一天，我在一个小花园里散步。突然，心里涌现一丝莫名的怅然若失，这是一种陌生但却似曾相识的感觉。走着走着，我突然想停下脚步把这一刻看到的美景分享给一个人；过了半小时没有收到他的回信，心里就惴惴不安。那种感觉怎么形容呢？
如果说失恋的感觉是心被撕成两半，那是种空虚的痛；
那现在这种感觉就有点像一颗正常运行的心脏突然被
塞入了另一颗心脏，有一种喘不上气的肿胀感。但一
想到这个人，心里就有万分甜，会瞬间消除心中陌生的
肿胀感。

仔细想想，这应该就是和单身的自己说分手的失
恋感。我庆幸自己有这种失恋感，这是第一次，在恋爱
前，我没把自己扔掉，没有朝着喜欢的人，什么都不顾
地往前跑。第一次，我看到了自我，看到了自我完整的
重要性。

如果在开始一段恋爱之前没有这种失恋感，那这样
的单身生活肯定出了什么差错。单身的时候，要努力让
自己恢复到自我完整的状态，这样才能和另一个完整的
灵魂一起展开一场健康的恋情。它不是让两个残破的
灵魂互相完整，而是让两个完整的灵魂互相加持。

美好的爱情，或许不在于那个"对的人"，而在于"对的时机"

好友 Y 曾经说过，和年轻男孩子谈恋爱，他会拼

命跑 100 步,到你面前,如果你还没准备好,他恨不得扛起你一起跑。和成熟的男人谈恋爱,他也许只会走90 步,然后给你留出 10 步的空间,等你自己走到他面前。

我很感谢遇到了一个愿意给这段感情留出 10 步空间的人,能让我实现从"单身"到"非单身"的"软着陆"。也许有朋友说,那是你终于遇到对的人了。我倒不这么想,一段感情,对的时机比对的人重要得多。比遇到这个人更重要的,是走入了一个人生阶段,在这个时间窗口,看懂了自己的渴望,认清了自己的能力,打开了自己的心门,接纳了另一个人融入自己的生命,学会了在人生这个宏观维度上为微观细节妥协。

18 岁的时候,大部分人在心中都会描绘一个模糊的轮廓,作为自己找寻一生挚爱的范本。10 年、20 年后,绝大部分陪伴在你身边的人并不是那个当初的影子。与其说是遇到了对的人,倒不如说,之前我们心里只开了一扇能眺望爱情的窗,现在我们把通向真实恋爱的心门打开了。

单身，从不应该是个问题

母亲大人有时候会问:请问我的大小姐,你什么时候解决个人问题?

单身状态,从来都不应该是个问题。恋爱,是因为爱上了。结婚,是因为这是两个人在一个人生阶段很美好的选择。

请记得,单身是众多生活状态选项中的一项。人最基本的自然权利之中有一项选择的权利,否定选择权是赤裸裸的胁迫,而"被迫单身"这个概念实属荒谬。在现代社会,想开始一段恋爱太容易,但经过各种考虑和权衡,决定不开始恋爱,这难道不是主动选择单身吗? 人从出生开始就默认处于单身状态,难道默认选项不是一种选择吗?

如果没有让你心动的人,解决方案不一定是去匆匆忙忙地寻找。原因或许很简单,你还没有准备好,所以你人生中那个对的时机还没有到,或许是你还在为自己的梦想打拼,或许是家里面的琐事让你心力交瘁,或许是你还在为前任伤痛……不管是何种原因,打开你心锁的钥匙往往不是那个你素未谋面的对的人，而是你自己。

爱情：轮回

人生，不就是在不断地轮回吗？

不断地和自己分手，不断地和别人分手；或者不断地和自己复合，不断地和别人恋爱。

所以，即便现在分手了，如果单身生活能过好，分手只是状态的转变而已。希望这本书能给一些朋友带来一些宽慰。想想看刚分手的那段时间，你如浮萍一般漂浮在各个红绿灯街口，望着来来往往的人，觉得自己完全不属于这个世界，心痛到恨不得失去意识。但现在，自己努力着，搭着时间这趟顺风车，也都过来了。

单身也好，恋爱也好，自我独立永远都是基础。爱情没有捷径可走，同样，爱情更不是人生的捷径。与其把自己交给一个人，成为他的附属，不如把自己的后背靠在他背上，成为他的战友。这两种身份，对于另一半来说，哪一种更不可或缺，哪一种更不可替代？答案不言而喻。

对于"单身"和"分手",希望本书能给大家带来一些认知上的转变。单身了,人生的方向盘终于完全掌握在你自己的手中,现在终于是你来选择要过什么样的人生了。一段好的爱情才能换来好的人生,如果反过来则未免有些遗憾。

但愿在这本书的陪伴下,你的失恋能够顺顺利利的。失恋,是成长,是找回自己的孤旅,是破而后立的艺术。愿这本书陪着你的日子,能让你重新找回对自己的爱。

慢慢来,时间是最好的解药。

图书在版编目（CIP）数据

失恋 28 天，慢慢和自己复合 / 倪纳著. —杭州：
浙江大学出版社，2017.12
ISBN 978-7-308-17586-9

Ⅰ.①失… Ⅱ.①倪… Ⅲ.①恋爱心理学—通俗读物
Ⅳ.①C913.1-49

中国版本图书馆 CIP 数据核字（2017）第 265067 号

失恋 28 天，慢慢和自己复合

倪 纳 著

责任编辑	曲　静	
责任校对	杨利军　　陈思佳	
插画设计	高　露	
出版发行	浙江大学出版社	
	（杭州市天目山路 148 号　邮政编码 310007）	
	（网址：http://www.zjupress.com）	
排　　版	杭州中大图文设计有限公司	
印　　刷	杭州钱江彩色印务有限公司	
开　　本	880mm×1230mm　1/32	
印　　张	8.375	
字　　数	154 千	
版 印 次	2017 年 12 月第 1 版　2017 年 12 月第 1 次印刷	
书　　号	ISBN 978-7-308-17586-9	
定　　价	36.00 元	